L'ŒIL AMÉRICAIN

Pierre Morency

L'ŒIL AMÉRICAIN

Histoires naturelles
du Nouveau Monde

Illustrations
de
Pierre Lussier

Boréal

Maquette de couverture: Gianni Caccia
Illustration de la couverture: Pierre Lussier

© Les Éditions du Boréal
Dépôt légal: 4ᵉ trimestre 1989
Bibliothèque nationale du Québec

Diffusion au Canada: Dimedia
Diffusion en Europe: Le Seuil

Données de catalogage avant publication (Canada)

Morency, Pierre, 1942-
L'œil américain
ISBN 2-89052-308-X
I. Titre.
PS8526.067034 1989   C843'.54   C89–096426–2
PS9526.067034 1989   PQ3919.2.M67034 1989

Les ormes ne sont pas muets comme on pourrait le penser.

Marie-Victorin

J'ai vu ça, moi, du premier coup, en entrant. J'ai l'œil américain.

Flaubert

PRÉFACE

Le privilège du préfacier est celui du lecteur favorisé qui n'a pas la peine d'écrire le livre, simplement le bonheur de le lire, et qui, cependant, dialogue avec l'auteur, et parle de soi, ce que le simple lecteur n'a pas le pouvoir de faire. Observatoire de choix, mirador d'où l'on peut contempler longuement les plus beaux brocards, les ragots les mieux armés, une préface à un livre qu'on aime offre à celui qui l'écrit les voluptés du narcissisme et la joie de faire partager son plaisir.

Parlons donc avec Pierre Morency. Je suis chasseur, il est amateur, connaisseur, contemplateur érudit de la nature, nous sommes faits pour nous entendre. Il est poète, je suis critique. Là l'entente pourrait être plus difficile. Cependant j'aime la manière dont il écrit, prose ou poème, et ce qu'il écrit. Nature et littérature nous sont des territoires communs, où la rencontre était inévitable.

Il y a quatre ans, j'étais à Québec, invité à une Rencontre internationale d'écrivains qu'il organisait. De la fenêtre de ma chambre, au Château Frontenac, d'où je ne me suis pas lassé de contempler la splendeur du Saint-Laurent, je voyais, j'entendais les vols d'oies blanches qui passaient, de l'aube au crépuscule. Des oies sauvages, en Europe, j'en avais vu quelques-unes, rares, jamais plus de quatre à la fois. Ici, c'est par centaines qu'elles traçaient des angles dans le ciel, sans cesse. La gare Saint-Lazare un mardi à six heures. Et Pierre Morency, à qui j'en parlais — le phénomène me fascinait bien davantage que notre problème d'écrivains autobiographes, dont traitait la Rencontre —, me dit qu'il fallait aller les voir sur le Saint-Laurent, dans une anse de l'île d'Orléans, devant chez lui, où elles se rassemblaient.

L'expédition ne se fit pas, et je restais avec mon mirage d'oies qui se posaient toutes ensemble sur l'énorme fleuve, qu'elles recouvraient de duvet blanc.

Ce n'est qu'au printemps dernier, lors d'une autre Rencontre, consacrée elle à l'écrivain et la liberté (en pleine condamnation à mort de Salman Rushdie, on ne pouvait être mieux dans l'actualité), que Pierre m'emmena dans son île, dans sa maison.

Il m'avait prévenu: tu sais, elles ne sont pas encore arrivées, il n'y en a presque pas, il faudrait attendre cinq ou six jours. En dévalant le sentier encore encombré de plaques de neige, il me sembla bien, pourtant qu'«elles» étaient là.

Pendant le trajet, nous avions vu, sur les rives du fleuve, quelques bernaches grises. Et, quand nous fûmes au bord de l'eau, en vue de l'anse, elles s'envolèrent. Il n'y en avait, en effet, presque pas; juste quatre ou cinq mille, qui battirent l'eau dans un invraisemblable vacarme. Et Pierre calmement, comme si ce spectacle unique était parfaitement banal: ce n'est rien, si tu voyais quand il en a cent ou cent vingt mille.

Il faudra que je retourne dans l'île d'Orléans, une autre année, huit jours après; car je ne parviens pas à imaginer ce que ça peut être, cent mille oies ensemble sur le fleuve. Je l'ai lu, aussi, dans quelques vieux livres de chasse que j'ai trouvés à Québec, chez un bouquiniste charmant, et qu'un abruti m'a fauchés, à Paris, en forçant le coffre de ma voiture.

En tout cas, les oies étaient en l'air, tournant avant de se reposer. Au milieu, quelques bernaches, et des gros canards noirs que je n'ai jamais vus en France, une sorte de colvert grand format, qui levaient tranquillement la tête, tournaient vers nous leur œil sans manifester la moindre crainte. Entre temps les oies étaient redescendues, freinant des deux palmes pour se glisser, au millimètre, les unes entre les autres. Sans bousculade.

Mais ce spectacle inouï ne pouvait simplement rester un souvenir de l'œil. Il fallait qu'il soit écrit, que soient écrits tous les spectacles de la nature que Pierre Morency ne cessait d'enregistrer, pour vraiment exister. La littérature, pour lui comme pour moi, est une névrose, puisque nous ne pouvons pas vivre sans lire, sans écrire, sans avoir autour de nous ces étranges parallélépipèdes rectangles, composés de papier couvert de pattes de mouches noires, et qui, autant que le sentiment de la nature, sont le signe de l'humanité.

Et Pierre Morency, alors, de me parler de ces textes qu'il rassemblait en volume, et où il racontait sa rencontre avec un oiseau, une plante, un arbre ou un insecte. Ces rencontres que l'immense majorité des hommes font distraitement, sans rien voir, ou au hasard d'une vision latérale, qui ne laisse pas de traces. Car pour voir il faut vouloir, et savoir. On n'invente pas, peut-être, mais on reconnaît ce qu'on a appris, d'un autre, ou d'un livre. Un oiseau gris, qui grimpe la tête en bas, ne sera jamais qu'un oiseau gris qui grimpe la tête en bas, si l'on ne sait pas qu'il existe des sitelles.

L'œil américain, j'ignorais qu'il existait chez Flaubert, avant que Pierre Morency ne me l'apprenne. Quand j'étais enfant, à Lyon, on disait plutôt: avoir le «coup d'œil» américain. Ou, de quelqu'un à qui rien n'échappait: il a des yeux tout autour de la tête. Mais voir n'est pas si compliqué que cela, à condition de vouloir, et d'avoir la patience. Pas une patience passive, d'attendre que quelque chose se manifeste, mais la patience active de la découverte. Considérez comment Morency regarde un arbre, érable ou épinette. Passent dans son dialogue avec l'arbre l'histoire, les légendes, la botanique, la peinture, le tissu des feuilles, des écorces, la zoologie des hôtes, le travail tellurique des racines, la voltige des cimes, la souplesse des rameaux, le bois massif des grosses branches. Tout un monde de savoir, de culture, d'émotion, de sensation, de perception visuelle, tactile, auditive, le travail des papilles mêmes — le bois, les feuilles ont du goût —, au service d'une ouverture, d'une attention, d'une patience active, précisément.

Pour le goût, je me souviens, le jour des oies, de ce sirop d'érable refroidi dans la neige, transformé en une sorte de caramel incomparable.

Et cette patience, traduite dans son vocabulaire précis, imagé aussi, technique et poétique. J'y suis peut-être d'autant plus sensible que je découvre des mots que j'ignorais. Quand, dans la voiture qui nous menait vers les oies, Pierre me parlait de «batture», je comprenais «pâture», ce qui ne m'étonnait guère: on conduit les oies domestiques pâturer dans les prés, pourquoi les sauvages ne feraient-elles pas de même. Puis cette «pâture» devenait marais. Là encore rien d'extraordinaire: on chasse la bécassine dans des marais, des prairies humides où paissent des bovins. Ce ne fut que devant le fleuve que je compris ce qu'était cette «batture», prairie d'eau recouverte ou découverte selon la marée (mon ignorance allait jusqu'à ne pas savoir qu'à Québec la marée se fait sentir avec autant de force), herbe agitée de ruisselets, de glissements, d'ondulations, terrain changeant, grouillant de vie, parcouru d'animaux qui circulent selon des itinéraires précis, cachés, mystérieux. La batture est un monde fascinant, qui palpite, s'ouvre et se ferme au rythme de l'eau, coquille d'huître gigantesque où nagent, marchent, rampent, volent, oiseaux, serpents et vers, insectes, se nourrissant, se chassant, se combattant ou s'ignorant, sans que l'homme puisse rien en savoir.

Que les deux éléments de Pierre Morency soient l'air et l'eau, c'est l'évidence. Éléments fugitifs, fluides, subtils, opposés à la lourdeur de la terre, à la violence du feu. Gaston Bachelard associait l'air et les songes, l'eau et les rêves: «essai sur l'imagination de la matière»; songes vrais, inscrits dans les trois dimensions, matériels comme le sont les oiseaux ou les arbres, irréels aussi en ce que nous ne les comprenons que par un long effort, sans jamais avoir la preuve que nous savons vraiment tout d'eux. Morency devant l'érable ou le pinson rêve, et c'est par là que sa connaissance devient juste, qu'il peut nous apprendre ce qu'il a compris.

La poésie, Saint-John Perse nous l'a appris, est le mode supérieur de la connaissance. L'œil américain est un superbe précis de connaissance poétique.

Jean-Jacques Brochier
Août 1989

L'EXUBÉRANCE

« *É* coute! — Je n'entends rien. — Là, dans les sapins, derrière la maison blanche... — C'est un oiseau qui chante? — Une grive des bois. — En pleine ville? — Oui, une grive des bois en pleine ville, tu te rends compte!»

Nous sommes restés là, debout sur le trottoir, figés dans le ravissement. Ce premier soir du vrai printemps nous avait, mon voisin et moi, sortis de nos logis, comme tant d'autres du quartier qui processionnaient, en souliers légers, tête nue.

L'air était grisant; voitures et motos se déchaînaient. Les promeneurs qui nous frôlaient devaient bien se demander ce qui nous tenait ainsi dans l'extase, mais personne ne s'est arrêté, personne n'a tendu l'oreille vers cette plénitude qui montait en musique du fond d'un petit jardin clôturé. Personne non plus n'a levé la tête vers le ciel où criaient, bien en vue, deux engoulevents en chasse.

— En fait, dit mon voisin, il faudrait avoir des yeux et des oreilles tout le tour de la tête!

— Cela s'appelle: *avoir l'œil américain...*

Cette locution, qui n'a pas fait souche au Québec, même chez les lettrés, est entrée dans la langue française au moment où nos cousins des «vieux pays» se sont pris d'engouement pour la vie des Indiens à travers les romans de Fenimore Cooper. Les Amérindiens n'ont-ils pas la réputation, à cause de leur vie libre et de leurs habitudes forestières, d'avoir les sens si aiguisés qu'ils peuvent «apercevoir sans détourner la tête aussi bien ce qui se passe à droite et à gauche que ce qui se présente devant eux»? *Avoir l'œil américain,* n'est-ce pas également se pourvoir de l'aptitude à entendre ce que nous écoutons, à voir ce qui est derrière quand on regarde devant? C'est en tout cas le sens que je prêtais à cette formule quand je l'ai choisie, il y a quelques années, pour servir de titre à une série d'entretiens radiophoniques où je prenais plaisir à conduire mes auditeurs dans la nature du Nouveau Monde. Pendant quarante semaines, nous avons exploré les marais, les lacs, les forêts, les champs, les îles du fleuve, les rivages; nous nous sommes arrêtés devant le pissenlit, le cèdre, l'épinette, le bouleau; nous avons fouillé l'intimité des insectes, suivi dans leurs rondes le lièvre, le raton laveur, le porc-épic, le coyote, les chauves-souris; nous avons écouté chanter la nuit et le vent; nous avons scruté la feuille de thé, le sel et le grain de sable; et toujours les oiseaux nous accompagnaient, quelle que fût la saison, en quelque lieu que nous dirigeassent nos pas.

L'acquisition de l'œil américain n'avait de sens pour moi que si elle permettait de sortir de soi, d'aller à la rencontre des choses, même menues, de voir soudainement le monde s'élargir et déployer des richesses souvent invisibles au promeneur distrait. Je voulais transmettre cet éblouissement, cet extraordinaire saisissement que nous racontent, à leur manière souvent pudique, les premiers explorateurs européens à venir en terre américaine. Jacques Cartier s'émerveillant de «l'incréable» beauté de l'île aux Oiseaux, le récollet Gabriel Sagard ou le poète Marc Lescarbot fascinés par le mystère du colibri, Champlain admirant les prairies naturelles (les battures) de l'île d'Orléans, tous — voyageurs, cartographes, marins, truchements, missionnaires — exultaient devant ces neuves splendeurs, portant sur les choses, les fleurs, les fruits, les animaux, les paysages ce regard lucidement naïf et cette ouverture passionnée qui m'ont toujours paru représenter les premières qualités du poète. Quand je dis: poète, je nomme l'individu qui cherche à se mettre au monde, par l'aventure libératrice du langage, bien sûr, et par son audace à affirmer ses dons magiques, mais aussi par l'impétuosité tranquille ou brûlante avec laquelle il explore les plis et les replis de son domaine.

Les pages qui vont suivre ne prétendent à rien d'autre qu'à faire partager des moments privilégiés. Pour cela je ne connais pas de lieu idéal. À chacun de découvrir sa propre piste vers l'enchantement. Faute de forêts, de déserts, de grandes plaines ou de côtes filant vers l'infini de la mer, le fond d'une cour ou le parc municipal fera très bien l'affaire. Si je parle, quant à moi, si volontiers de cette batture du bout de l'île, lieu quasi sauvage situé à moins d'une heure de la ville de Québec, ce n'est nullement pour laisser croire que les paysages saisissants arrivent par leur seule présence à nous grandir, mais tout simplement parce que le hasard un jour m'y a conduit et que j'y ai trouvé des conditions où pouvaient s'exercer ensemble mes besoins de solitude, de silence et d'activité physique. Une fois sur place, j'ai fait la connaissance de certains animaux qui sont devenus, à les fréquenter, des sources inépuisables de fascination.

Ce que je veux dire en réalité, c'est que tout être vivant, à quelque règne qu'il appartienne, porte en lui une «extraordinaire jubilation» à laquelle nous sommes invités à puiser. Les voyages sur les crêtes, les traversées du froid, les attentes dans la nuit, les randonnées parmi les moustiques, les stations dans la vase et les piquants, à quoi peuvent-ils bien servir sinon à nous donner d'une plante, d'un animal, d'un oiseau cet éclair qui met le corps en émoi et qui saisit l'esprit d'une ivresse si rare. Tous les grands naturalistes ont noté la qualité physique de ce plaisir-là. Au début de sa carrière, l'entomologiste provençal Jean-Henri Fabre découvre un nid de Traquets dont les œufs sont si bleus qu'ils le «terrassent de bonheur». L'écrivain allemand Ernst Jünger raconte qu'il s'était mis, au cours d'une promenade matinale, à regarder une tige de fenouil rafraîchie par la pluie. Tout à coup la vie de la plante devint pour lui plus visible. À propos de cette contemplation, il dira: «Ce furent là des instants comme il n'en est pas de plus beaux en ce monde.»

Un jour que je participais à un voyage d'étude sur les oiseaux marins, qui nous avait conduits dans les îles du golfe Saint-Laurent, je fis la connaissance d'une femme bien singulière, une contemplative nomade que l'âge n'empêchait nullement de battre routes et sentiers à la recherche des plantes et des oiseaux qu'elle n'avait pu, malgré tous ses voyages, encore observer. Je lui demandai de m'entretenir de ses expériences, de ses découvertes et surtout de ce mouvement qui la poussait si ardemment hors de chez elle. Elle consentit à parler du plaisir qu'elle prenait à simplement écouter le bruit des pas dans la neige, à écouter siffler le vent de tempête, à voir passer un orage d'été. Elle, si posée, si économe de mots d'éclat, elle me parla enfin de ce «sentiment ancien et féroce» qui habitait tout son corps pendant qu'elle circulait à travers les choses. «Et ce sentiment diffère, me dit-elle, de la chair de poule qui vous envahit quand soudain, en pleine mer, une baleine bleue surgit près du bateau et que votre regard rencontre celui du cétacé.»

Tout a été découvert, sommes-nous portés à penser dans nos moments de lassitude. Pendant ce temps-là, dehors, une exubérance à chaque seconde se renouvelle, les racines travaillent, les sources montent, les poissons fulgurent dans le torrent, les écorces crient, les feuillages se peuplent de nids, les nids répandent des chants, les gazouillis répondent à des feulements, des plaintes s'enroulent dans les creux du silence, les arbres inventent des musiques, les champs ondulent et crépitent à midi, les fleuves d'odeurs comblent des museaux, chaque aube a son soleil à nul autre semblable, chaque soir soulève des tours de sons inouïs, la nuit porte des lueurs, des oreilles se tendent pour tout saisir, des yeux cherchent des yeux, on marche sous les pierres, on pousse à la lisière, tout va mourir bien sûr, tout va partir en poudre sous la terre ou dans le vent, mais tout cherche à naître encore et toujours. Que jamais ne nous déserte cet éclair qui nous tient aux aguets!

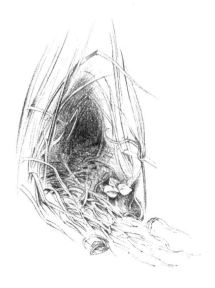

UN AUTRE MONDE
DANS LE NÔTRE

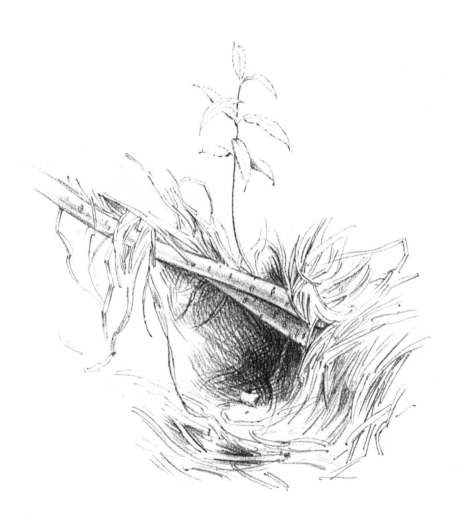

*T*out cela a commencé, voici quinze ans déjà, par un pique-nique à la pointe orientale de l'île d'Orléans, là où l'accès au fleuve est rendu hasardeux, en juillet, par une immense batture chargée de joncs, de foin de mer et de riz sauvage. Le lieu où nous nous trouvions était paisible, préservé. Si les oiseaux étaient abondants, les moustiques, guêpes, libellules, mouches tigrées et bourdons y foisonnaient également, transformant notre repas sur l'herbe en une véritable guerre de tranchées. Dans l'après-midi, au cours d'une promenade au bord du fleuve, j'aperçus, cachée dans les arbres et à demi enfouie sous les hautes herbes, une petite cabane rouge qui servait de camp de chasse et qui était inhabitée. Je ne savais pas encore que cette maisonnette de bois rond allait devenir un des lieux importants de ma vie. Ce n'est qu'au printemps suivant que je m'y installai, quelques jours à peine avant l'arrivée des Oies des neiges qui se réunissent par dizaines de milliers dans le grand marais recouvert deux fois par jour par la marée. Je n'oublierai jamais le tumulte d'abois et de jacassements qui me tira du lit au terme de ma première nuit au bord de la batture.

En ouvrant les rideaux de la grande fenêtre qui donne sur le fleuve et les Laurentides, je me sentis déborder. Des milliers d'oies fouillaient la vase à la recherche de rhizomes de scirpe, leur seule nourriture dans ce désert de boue et de glace fondante. La désolation de cette étendue limoneuse qu'est la batture en avril offre un tableau pour le moins rébarbatif, mais la multitude des oies, des malards et des Canards pilets éclaire le paysage d'une beauté dure et tremblante. En fait, n'eût été la présence des oiseaux, l'immense marais à rigoles qui s'étendait devant moi, à marée basse, ne laissait rien présager de bon pour la prochaine saison des vacances. Ces craintes s'évanouirent quand, un matin de la fin avril, des trilles énergiques volèrent d'un buisson à

l'autre, sur la grève. Un des plus hâtifs parmi nos oiseaux musiciens venait d'arriver du sud.

Vivre quotidiennement en sa compagnie m'a beaucoup appris sur les habitudes de ce pinson, reconnaissable à la tache noire qu'il porte au centre de sa poitrine rayée. Son ardeur à chanter m'impressionna : je calculai un jour que le Pinson chanteur, au meilleur de sa forme, pouvait débiter trois cents chants à l'heure. Si les derniers froids du printemps ne diminuent pas son enthousiasme, les premiers sévices de l'automne ne l'arrêtent pas non plus. C'est un des derniers oiseaux que l'on entend chanter en fin de saison. Pour cela je lui voue une affectueuse reconnaissance.

Puis le mois de mai arriva. La batture commença à verdir, à prendre, de jour en jour, un aspect plus moelleux, plus invitant. À mesure que poussaient les joncs et les sagittaires, je vis poindre parmi eux, par touffes jaunes, une plante très jolie avec des fleurs semblables aux boutons-d'or. J'appris qu'elle se nommait Populage des marais ou, d'une manière plus poétique, Souci d'eau. J'appris également que ses feuilles rondes comme des oreilles d'ours remplacent au printemps les épinards dans la salade et que ses boutons floraux servent à parfumer les marinades. Même les racines ont des vertus secrètes, car là s'élabore une substance chimique, un alcaloïde analogue à la nicotine. C'est ainsi que les plantes les plus communes prennent un surcroît de réalité quand on les regarde vraiment. Notre présence aux choses, présence volontaire plus que passive, nous rendrait-elle de ce fait plus réels, plus consistants? Je le crois. Si la batture, dans les premiers temps, m'a donné une leçon, c'est bien celle-là. Mais d'autres enseignements ne tarderaient pas à m'être offerts avec l'arrivée de la saison douce.

Parlerai-je des nombreux oiseaux que j'ai eu le loisir d'observer dans les parages du chalet? Je l'ai fait, il me semble, tant de fois, dans d'autres travaux et même dans certains chapitres de cet ouvrage, que je me contenterai de mentionner quelques espèces qui me sont chères, liées qu'elles sont à la joie qui a comblé ma première saison au bord de la batture.

Un matin de la fin de mai, à l'aube, un chant allègre, pointu, qui venait d'un massif d'amélanchiers, tout à côté de la fenêtre, me réveilla. C'était un petit oiseau jaune portant un domino noir finement dessiné. Il me sembla que son chant pouvait se traduire, d'une manière amusante, par les mots suivants: «T'es petit, Henri, t'es petit.» C'était la Fauvette masquée qui venait de prendre possession de son domaine. Encore aujourd'hui, c'est une des compagnes les plus divertissantes de notre solitude estivale.

Bientôt vinrent les pluies de juin. La batture s'était muée en un tapis vert tendre, coloré par les populages et les «clajeux». Un soir, vers six heures, il cessa de pleuvoir, mais l'air resta chargé d'humidité, ce qui amplifiait l'écho. Retentit alors dans le ciel, au-dessus du chalet, une plainte bêlante rendue plus sonore par l'énorme caisse de résonance de l'air humide et tranquille comme si l'oiseau — c'en était un — avait précisément attendu ces conditions idéales pour se manifester. «Une Bécassine des marais!» m'écriai-je. Je connaissais déjà cette fée véloce des milieux humides. Mais c'est au bord de la batture que j'ai pu l'observer à loisir. Quand je l'entendais chevroter dans les soirs de juin, je sortais et j'essayais de la repérer là-haut, ce qui n'est pas toujours facile. Car la bécassine mâle, toujours très rapide, monte vers les hauteurs de l'air d'où elle se laisse choir en vol piqué. À ce moment-là, elle ouvre d'une certaine manière les plumes des ailes et de la queue pour permettre à l'air de vibrer et de produire ce ululement tremblé qui lui sert de chant nuptial. L'effet est spectaculaire et la trace qu'il dépose dans la mémoire, indélébile. La vie au bord d'un marais ne se conçoit pas sans la présence sonore des bécassines.

Je n'avais pas encore mesuré la chance qui était mienne de fréquenter jour après jour un milieu certes inhospitalier, difficile d'accès et rendu inconfortable par les nuées de moustiques qui s'y reproduisent en masse, mais fertile en surprises. Une nuit, la première de la canicule, je connus une joie. J'étais en train de lire près de la fenêtre ouverte que protégeait une moustiquaire quand je fus tiré de ma concentration par une série de bruits étranges venant du marais. C'étaient des cliquetis, des ricanements, des hennissements drolatiques, des jacassements inhabituels. Un enthousiasme fou me submergea, je m'écriai: «Des râles! Ce sont des râles! Je suis un homme habitant une maison près d'un lieu où circulent des râles!» J'avais envie de sortir, chaussé de mes cuissardes, j'avais envie de courir dans la batture, à travers les mouches à feu, et d'aller souhaiter la bienvenue à mes visiteurs fantomatiques. Le lendemain, je téléphonai à mon maître ornithologue: «Devinez ce qui m'arrive! Il y a des râles dans les batture! Pas une espèce! Deux!» (Je ne savais pas encore qu'une troisième, la plus rare, allait se manifester.) C'est à partir de cette nuit de juillet 1976 que j'ai décidé d'étudier d'un peu plus près ces énigmes emplumées que sont les râles. Je n'avais aucun mérite: ils s'étaient installés d'eux-mêmes à quelques mètres de mon poste d'observation.

Voici en deux mots ce que sont les râles: des oiseaux qu'on ne voit jamais! Ce sont de petites poules d'eau au plumage sobre et attrayant, lequel varie du brun au rougeâtre, couleurs qui facilitent leur camouflage en terrain marécageux. Leur silhouette est rendue gracieuse par des pattes fines et démesurées qui leur permettent de circuler dans les marais en prenant appui sur la vase, en s'agrippant aux joncs. Doués de l'étonnante faculté d'amincir à volonté la forme de leur corps, ils se faufilent sans bruit à travers la végétation touffue. Si le Râle de Virginie est la plus grosse et la plus colorée de nos trois espèces, le Râle de Caroline est plus comique à cause des ricanements qu'il fait débouler de l'aigu au grave, nuit et jour, quand il est en voix. On le reconnaît également à un sifflement très doux, sur deux notes, d'une tonalité un peu triste, qu'il fait entendre au début de la saison. C'est ce sifflement que j'utilise quand, certains soirs d'été où l'oiseau est en veine de communication, je m'amuse à dialoguer avec lui.

S'il m'est déjà arrivé de voir le Râle de Caroline, je n'ai jamais aperçu le Râle de Virginie. Et pourtant combien de fois n'ai-je pas joué avec lui! Les râles sont très sensibles au dérangement; un seul caillou lancé dans la batture suffit parfois à déclencher leurs vocalisations. Est-ce bien le geste qu'on avait fait, cette matinée de fin juillet, il y a une dizaine d'années, pour faire naître la petite aventure suivante?

Ce dimanche-là, vers huit heures, je me berçais sur la galerie de bois qui surplombe la grève quand j'entendis, à une trentaine de mètres, un Râle de Virginie en train de caqueter d'une manière rappelant l'ancienne télégraphie sans fil. Je me dis: c'est le temps ou jamais! Aujourd'hui, je veux *voir* le Râle de Virginie! Les livres m'avaient renseigné sur lui: je savais qu'il a un long bec incurvé, que ses couleurs sont des harmonies tranquilles: tête grise, dos brun frotté de roussi, poitrine orange rosé, ventre gris avec des rayures blanches. Mais y a-t-il désir plus tenace que cet appétit qui vous pousse à voir, ne fût-ce qu'une seule fois, un vieux compagnon furtif? Je me mis donc en frais. Je sortis sur la terrasse deux appareils: un magnétophone pour enregistrer l'oiseau au cas où il vocaliserait de nouveau et un tourne-

disque pour lui jouer un air qu'il connaît bien. À trois ou
quatre reprises je lui lançai, par la voie mécanique, les
signaux en morse et quelques-uns des autres sifflements qui
composent son répertoire. Et alors, je sentis qu'il s'approchait! Je ne voyais aucune forme, je ne décelais aucun mouvement dans les hautes herbes. Je savais seulement qu'au
cœur de la végétation serrée du marais une présence existait.
Tout à coup je flairai qu'il était là, à moins d'un mètre, mais
je ne distinguais rien. Ou plutôt si. Je devinais une furtivité
discrète, je pressentais une nuance de frottement, un peu
comme si on passait une ouate sur une toile d'araignée. J'exa-
gère à peine. Il était bien là, tout proche, le Râle de Virginie,
mais il restait invisible. Au lieu de se montrer, l'oiseau se mit
à lancer directement dans le microphone, avec une puissance
qui agita l'aiguille du sonomètre, un de ses cris les plus singuliers : un étrange cancan pareil au bruit d'une assiette qui
oscille avant de s'immobiliser en tremblant sur la table.

Cette aventure est une de mes meilleures expériences
avec les oiseaux de la batture. Une des plus troublantes aussi
puisqu'elle m'a permis de frôler la vérité intime de l'oiseau,
qui est un être libre, indépendant, farouche, c'est-à-dire
insensible aux caprices du premier venu, parce qu'il évolue
dans un réel qui coïncide avec le nôtre sans y être tout à fait
pareil. Les râles ne nous enseignent pas seulement la
patience, ils nous invitent à l'humilité.

Je suis donc devenu, avec les années, un passionné

visiteur de marais. De tous les genres de marais, car il en existe de toutes les dimensions et de toutes les variétés. Un de mes préférés, à part la batture, à part aussi les inépuisables Everglades de Floride, se trouve au cap Tourmente. C'est un marais à quenouilles.

Quelle merveille que la quenouille! Je me suis pris l'autre jour à rêver devant «l'herbe à bedeau» — comme on l'appelle parfois en France — en me disant que cette plante banale, omniprésente au bord des routes, est toute chargée d'histoire. Sait-on par exemple que ses rhizomes (renflements de la tige souterraine) contiennent de fortes quantités d'amidon, et que la production de cette farine comestible, en tous points semblable à celle des céréales, serait de deux mille kilos l'acre? Les Indiens le savaient, eux qui faisaient sécher les racines, à la fin de l'automne, et qui les pulvérisaient pour obtenir une farine sucrée, propre à la panification.

La queue de chat de la quenouille, cette saucisse brunâtre qui termine la tige, renferme les fleurs femelles de la plante. Quand il est mûr, l'épi est formé de deux millions de petits fruits cotonneux, fort prisés jadis par les Indiens des États-Unis qui les effilochaient avant de les tasser au fond des porte-bébés (les nâganes) que les femmes transportaient sur leur dos. Les premières couches pour bébés — en Amérique à tout le moins — viennent de la quenouille. Bourre de luxe pour matelas et oreillers, excellent calfat pour étancher la coque des bateaux, ce duvet soyeux, mélangé à du poil de lapin, servait encore, au tournant du siècle, en France, à confectionner les fameux chapeaux de castor. Et quoi encore! On retrouvait la «massette» jusque dans l'officine des pharmaciens où elle servait à préparer un onguent magique contre les brûlures.

J'étais en train de rêver devant un bouquet de quenouilles quand je fus tiré de mes pensées par un gargouillement guttural, une éructation caverneuse rappelant le bruit d'une pompe ou les coups répétés d'un maillet sur un pieu. Voilà donc le Butor d'Amérique, un des êtres les plus singuliers à venir peupler le monde déjà bien pourvu des marais. Lui non plus n'est pas un exhibitionniste. Bien malin qui pourra apercevoir, à travers les quenouilles, ce maître dans l'art du camouflage. Durant la saison des nids, le mâle produit un coassement qui, sans être puissant, porte très loin. La difficulté d'en déceler l'origine confère à l'oiseau le statut de

ventriloque. Car le Butor est un oiseau. On le confond souvent avec le héron, auquel il est du reste apparenté, mais son
plumage est plus terne, offrant la couleur de son milieu
d'élection: jaune, brun verdâtre et beige. Ce qui rend encore
plus problématique sa découverte, c'est qu'il semble savoir
quelle partie de son corps il doit exposer pour devenir invisible. S'approche-t-on de lui, le Butor fige sur place et pointe
son long bec jaune vers le ciel, imitant la rigidité de la quenouille. Si au surplus il fait du vent, l'oiseau ira jusqu'à oscil-
ler, au rythme de la végétation, comme si la brise le berçait.
Spécialiste de la marche feutrée, le Butor, sur ses hautes
pattes vertes, circule sans bruit à travers les roseaux en quête
du fretin des eaux basses. Le soir venu, durant la saison des
amours, les mâles, bien cachés, subitement redressent le cou,
gonflent d'air leur gosier de ventriloque et, avec effort, on
dirait, accouchent de ces mugissements rauques qui ajoutent
une tonalité grave à l'émanation sonore des marais. Dans ce
réservoir de présences insolites, royaume des tonitruants
comme le Carouge à épaulettes, paradis du Troglodyte des
marais (petit volatile à peine plus gros qu'une souris, mais
pourvu d'une voix de sergent-major), d'autres curiosités
vivantes ont élu domicile. Certaines, comme les grèbes,
gloussent et ricanent pendant des heures. D'autres, tel le
Pinson à queue aiguë, ont mis au point pour s'exprimer un
chant qui n'a plus rien à voir avec la musique. Il s'agit d'un
chuintement explosif, comparable au décapsulage d'une bou-
teille de bière.

Je sais que le promeneur évite d'ordinaire les marais d'eau douce ou d'eau salée. Et pourtant ces endroits sont les survivances d'une époque lointaine. Il y a soixante-dix millions d'années, les râles, par exemple, fréquentaient les mêmes milieux qu'aujourd'hui. D'où l'impression renouvelée de faire un mystérieux voyage dans le temps quand on circule à proximité d'un marais. S'il y a un autre monde dans le nôtre, c'est là qu'il se trouve.

Le Grand Héron

L'ÉTÉ DE LA «DÉLICIEUSE»

S ouventes fois, devant la fenêtre qui me sépare de ma batture herbeuse, je lève le regard vers les Laurentides et je le laisse glisser sur le dos des plus lointaines montagnes. Là je rencontre les géants aux bras de fer qui font la file indienne depuis les barrages du Nord et qui apportent aux humains chaleur et lumière. Je fais en pensée le voyage de la magie électrique; il prend fin derrière le chalet sous la forme d'un simple fil tendu entre deux poteaux. Vous surprendrai-je beaucoup si je vous dis que ce fil est pour moi source de bien des enchantements? Certains jours il retient les oiseaux de passage qui profitent de cette halte pour chanter quelques mesures. Mais pendant plusieurs mois, en été, il sert de perchoir au couple d'hirondelles bicolores qui viennent nicher dans la petite cabane blanche et verte que j'installe pour elles, au début de mai, sur le poteau le plus rapproché de ma porte.

Suivre leurs évolutions aériennes, entendre leur chant, observer la progression de la nichée, voilà pour des vacances au vert des occupations rafraîchissantes. Plaisir accessible à tous puisque rares sont les lieux où l'Hirondelle bicolore refuse d'aller. J'en ai vu nicher au cœur de la toundra comme au centre des villes. Dans les banlieues, c'est l'aristocrate des oiseaux familiers, tout à la fois distingué, plaisant et farouche. Voilà sans doute le caractère qui explique les nombreuses légendes que les hirondelles ont fait naître à travers le monde — elles sont partout — et qui en font une sorte d'oiseau sacré. On dit qu'elle a la réputation de protéger contre les incendies la maison où elle niche. Elle cacherait dans son corps deux petites pierres précieuses: une rouge qui guérit toute maladie; une noire qui apporte la fortune. Ne dit-on pas qu'elle aurait le pouvoir de découvrir sur les grèves des cailloux magiques qui rendent la vue aux aveugles? Légendes, bien sûr, mais signes d'une faveur universelle. Si je n'ai jamais rencontré un individu affichant à son endroit des sentiments hostiles, je ne connais pas non plus d'hirondelles qui, spontanément, ne manifestent pas à l'égard des humains une attitude accueillante, malgré certaines sautes d'humeur tout à fait normales chez une forte personnalité. J'ai regardé vivre ces oiseaux pendant de nombreuses saisons et je voudrais vous raconter les joies qu'elles m'ont données.

Chaque été, donc, le jour même de mon anniversaire, au début de mai, j'installe mes nichoirs d'hirondelles. Et j'attends. Je n'ai jamais vu leur migration collective, mais un ami m'a raconté ce qu'il avait aperçu un jour d'avril sur le Richelieu. Une masse mouvante, un tapis d'oiseaux noirs et blancs survolaient, vent debout, la rivière à quelques centimètres de la surface de l'eau. C'étaient à n'en pas douter des Bicolores, les plus hâtives parmi les six espèces d'hirondelles qui fréquentent le Québec. Il n'est pas malaisé de les reconnaître: ce sont les seules hirondelles au ventre blanc dont le dos s'irise de reflets verdâtres ou bleutés aux nuances légèrement métalliques.

Il est souvent arrivé qu'une hirondelle vienne visiter la maisonnette quelques heures à peine après son installation, risquant un coup d'œil dans l'ouverture circulaire. Est-ce la même occupante que l'année dernière? C'est possible. Les hirondelles ont tendance à revenir d'une année à l'autre dans le même abri, et les jeunes d'un an dans les parages immédiats de leur lieu natal. Je voudrais dès à présent souligner un fait qui a son importance: à la différence de l'Hirondelle des granges et de l'Hirondelle pourprée qui ne font plus leurs œufs que dans des installations créées par l'homme, l'Hirondelle bicolore aménage encore son nid en pleine nature. Son nom anglais de *Tree Swallow* nous renseigne déjà sur ses habitudes ancestrales: la plupart de ces oiseaux nichent dans les cavités des arbres et plus particulièrement dans les trous abandonnés par les pics.

Un bon matin, filtre à travers la fenêtre un gazouillis qui me transmet une joie mêlée d'excitation. Je cours derrière la maison. Le mâle est là, posé sur le fil électrique, juste au-dessus de la maisonnette. Je le reconnais à ses couleurs plus contrastées, mais surtout à la vivacité de son chant, un fin ruissellement de notes liquides ponctué de deux ou trois glouglous, subtilités vocales qui n'appartiennent qu'à lui.

Quelques jours plus tard surviendra une femelle qui prendra tout son temps pour apprécier la convenance du logis qu'on lui offre . À maintes reprises elle entrera, sortira, effectuera de courts périples dans les alentours, reviendra pour agripper ses courtes pattes au hublot, prendre appui sur sa queue et enfouir longuement sa tête à l'intérieur du nichoir. J'ai remarqué que lors de ces premières explorations les oiseaux paraissent avoir de grandes difficultés à plonger leur corps dans la circonférence de l'entrée. Il leur faudra s'ajuster, prendre mesure des dimensions exactes avant de pouvoir, tout le reste de l'été, s'engouffrer dans l'ouverture exiguë avec une aisance qui m'étonne à chaque fois.

La vue du couple réuni sur le fil fait monter mon plaisir d'un degré; je sais que va bientôt commencer l'aventure. Et quelle aventure! Je ne connais pas de plus remarquable leçon de vie naturelle que le spectacle offert par les Hirondelles bicolores à proximité de leur nid. Elles exécuteront, pour ainsi dire à votre nez, de l'aube à la brune, toutes les scènes, tous les actes de leurs amours transparentes.

Vers la fin de mai, les hirondelles bouillent. Vous les verrez plusieurs fois par jour monter toutes deux dans le ciel, dessiner des arabesques, des boucles, des vols planés, des remontées soudaines suivies de descentes pleines d'ivresse. Vous verrez un des oiseaux — le plus souvent c'est le mâle — en plein milieu de l'air saisir par les griffes le ventre de l'autre et dégringoler avec lui, les ailes agitées, jusqu'à fleur de terre. Là, vous les verrez se séparer, reprendre l'air, se saisir de nouveau, voler ensemble ainsi réunis, se laisser glisser vers le bas où, dans la parfaite maîtrise du vol, ils viendront se poser sur le fil. Un lissement de plumes, le merveilleux rectangle de l'aile déployé, quelques gazouillis, puis les acrobaties aériennes reprennent de plus belle.

Un autre jour, vous assisterez à une bien curieuse cérémonie. Les deux oiseaux sont côte à côte sur le toit de leur maisonnette, occupés à de profondes salutations. Voici l'instant d'après la femelle perchée sur le fil électrique. Son compagnon, avec dans la gorge un gazouillis feutré, vient la survoler d'un frémissement rapide des ailes qui le maintient, sur place, à trois pouces de son dos. C'est à ce moment-là d'ordinaire que la femelle ploie tout le corps vers l'avant et relève la queue. L'autre, avec délicatesse, vient la couvrir en saisissant dans son bec le duvet de son cou. Les deux queues se croisent, la rencontre culmine.

Mais le lendemain, ô horreur! les hirondelles ont disparu. Pourquoi cet abandon soudain quand tout semblait si bien engagé? Les oiseaux avaient pris possession des lieux, le mâle chantait sans arrêt, la femelle avait entrepris de transporter herbes et brindilles pour le nid; et ce silence tout à coup! Où sont-elles passées? Mon poste d'observation privilégié, je dois l'avouer, m'ouvre certains secrets et je sais que dans les périodes de mauvais temps, aux grandes marées de mai, par exemple, elles quittent pour plusieurs jours leur territoire et se regroupent dans les lieux où les insectes survivent aux températures plus basses: près de l'eau. Elles sont ces jours-là des milliers à frôler les herbes de la batture. Contempler ce ballet où clignotent le noir et le blanc des oiseaux est un des plus purs plaisirs de mes étés dans l'île.

Le beau temps revenu, les hirondelles quittent les abords du fleuve et regagnent, en couples, leur nid situé, dans bien des cas, à des kilomètres de distance. Mais chez un oiseau si hâtif, qui n'hésite pas à braver les giboulées d'avril pour prendre possession de son domaine, quelle lenteur à parfaire la construction du gîte! Il peut se passer des semaines entre le jour où une femelle commence à transporter des matériaux et le moment de la ponte. Pour se rendre compte que la construction achève, il suffit de remarquer quelles substances les oiseaux introduisent dans le nichoir. Toujours les hirondelles tapisseront le fond du nid de plumes et particulièrement de plumes blanches. Où les nicheuses urbaines vont collecter les leurs demeure un mystère. Le problème ne se pose pas à mes voisines: les oies sauvages et les goélands fournissent, près du fleuve, une profusion de plumes blanches.

Vous avouerai-je un autre de mes plaisirs? Il m'arrive parfois, aux derniers jours de mai, de faire provision d'appâts et de me poster sous la maisonnette des hirondelles. À bout de bras, je tourne lentement entre le pouce et l'index la hampe d'une plume blanche. Inévitablement un des oiseaux, mâle ou femelle, quitte le fil électrique, s'éloigne à bonne distance, vire sur l'aile en prenant de la hauteur puis à toute vitesse fond sur moi et claque du bec au moment où il saisit la plume pour s'engouffrer avec elle dans le nichoir. Le nid est-il bien garni, les oiseaux viendront quand même me frôler la main. Elles monteront alors dans les airs et s'amuseront un moment à laisser tomber leur prise pour, l'instant d'après, la reprendre.

Ce genre de délicatesses, l'Hirondelle bicolore ne vous en privera pas, mais n'allez pas croire pour autant que vous ayez affaire à une complaisante. À l'endroit des animaux et des personnes qui s'approchent des nids où des œufs viennent d'éclore, l'hirondelle est une combative qui fonce. Témoin perplexe de son ardeur à défendre sa famille, vous l'avez vue alors, au terme d'un piqué, vous frôler les oreilles en claquant du bec. Ces manœuvres ne sont pas dangereuses

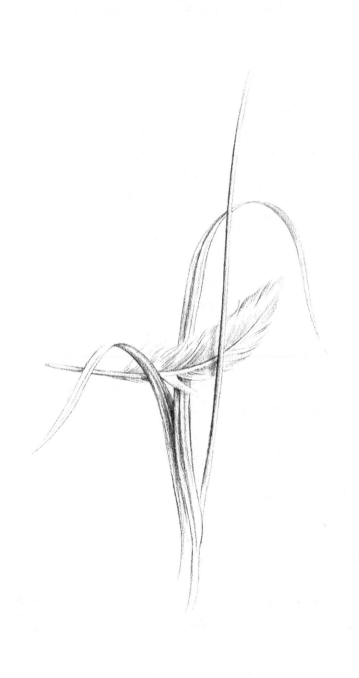

bien que dans la plupart des cas elles soient assez efficaces. Que les hirondelles sachent reconnaître les habitants de la maison près de laquelle elles se sont installées, c'est un fait. Et il est rare qu'elles adoptent contre eux ce comportement agressif. Mais un étranger s'approche-t-il du nichoir, toujours le mâle ou la femelle viendra lui signifier son désaccord.

Le moment où les oiseaux commencent à nourrir leurs jeunes est fertile en spectacles. Du matin jusqu'au soir, les parents, qui ne laisseront jamais, ne fût-ce qu'une minute, le nid sans protection, se relaient pour patrouiller les alentours, à la recherche d'insectes qu'ils saisissent au vol. Un de mes amis a observé un couple d'Hirondelles bicolores qui a effectué trois cent cinquante voyages en quatorze heures. Au retour du chasseur, l'autre, qui l'attend, la tête hors du hublot, se hisse au dehors en pinçant dans son bec un petit sac contenant les fientes qu'il ira jeter au loin avant de reprendre l'exercice.

Quant à savoir si l'hirondelle mérite sa réputation d'ennemie naturelle du maringouin, je ne peux fournir comme réponse que cette vieille légende bourguignonne où il est raconté «qu'après le déluge, le serpent envoya le moustique à la recherche de la créature ayant le meilleur sang à sucer. Le moustique constata que c'était celui de l'homme et rendit compte de sa mission. L'hirondelle qui se trouvait là, elle qui est l'amie des humains, devint furieuse et d'un coup de bec coupa la tête du moustique. Le serpent en colère saisit l'hirondelle pour la dévorer, mais il la prit par la queue dont plusieurs plumes lui restèrent dans la main. C'est depuis ce temps qu'elle a la queue fourchue et que le moustique ne parle plus». Tout au plus est-il capable de susurrer le Pzzzzz que l'on ne connaît que trop...

Avoir à deux pas de chez soi une nichée d'Hirondelles bicolores garantit pour les mois chauds une profusion de délices. Vers la mi-juillet, les hirondeaux commencent à s'afficher hors de l'ouverture; c'est toujours un spectacle réjouissant de voir cette petite tête noire observer de ses yeux vifs le paysage où, bientôt, les oisillons auront à déployer leurs ailes. Un bon jour, vous vous rendez compte que les abords de la cabane bruissent d'entrain: par dizaines, des étrangères de même race volettent en chantant tout autour du nid, certaines allant même jusqu'à plonger à mi-corps dans la maisonnette. Vous êtes en train d'assister à la visite rituelle des familles venues des territoires voisins. Ces mondanités préludent à l'envol prochain des hirondeaux, moment capital que les hirondelles savent entourer de tous les éclats de la fête.

Une seule fois j'ai vu les jeunes hirondelles prendre leur premier essor. Il faut être là au bon moment, car une hirondelle qui laisse le nid n'y revient plus de la saison. Ce matinlà, je m'étais levé «aux aurores» pour aller à la pêche. En déjeunant près de la fenêtre, face au fleuve, je voyais très bien la maisonnette que j'avais fixée, cette année-là, au tronc d'un érable. Le jour venait tout juste d'apparaître quand mon regard fut attiré par une animation inaccoutumée. Des gazouillis d'excitation, rapides, bruyants, signalaient l'arrivée d'hirondelles qui venaient de partout. Certaines se tenaient sur les branches tout près, d'autres naviguaient tout autour, d'autres enfin faisaient du surplace pour enfouir leur tête dans le nichoir, communiquant je ne sais quoi aux résidents, en ce moment invisibles. Finalement un des hirondeaux pointa son bec au dehors, puis sortit l'une après l'autre les épaules. Les gazouillis des adultes se firent alors plus insistants, offrant l'impression qu'ils étaient bel et bien en train d'inviter les béjaunes à tenter le grand saut. L'hirondeau déploya alors une aile, puis l'autre, prit appui sur le rebord de l'entrée et se lança dans le vide. J'eus comme un éclair au ventre quand je le vis, au risque de s'y assommer, venir tout droit vers la fenêtre, mais au dernier moment, en me voyant là sans doute, il amorça un virage d'une parfaite maîtrise qui le lança en direction de la batture, où le suivirent une volée de gardiennes. Trois autres hirondeaux, en dix minutes, l'imitèrent. La cérémonie alors se transporta plus loin, du côté du fleuve où j'accompagnai dans ma longue-vue les oiseaux en vol. Les hirondelles étaient parties. Aucune, à ma connaissance, ne revint cet été-là au lieu natal.

Pendant tout le mois d'août, elles continuèrent, par

centaines, de fréquenter la batture à la poursuite des derniers insectes de la saison. Une fois j'ai été témoin d'un phénomène insolite: un Busard des marais patrouillait la ligne du jusant, au loin, quand je le vis disparaître au centre d'un nuage noir qui bougeait par là. Dans ma lunette d'approche je me rendis compte que le nuage était formé d'une myriade d'Hirondelles bicolores houspillant le rapace. Je pensai tout de suite à mes quatre hirondeaux, les imaginant occupés au premier raid défensif de leur existence.

Le mois de septembre ramena sur le fil électrique des quantités fabuleuses d'hirondelles. J'eus à peine le temps de leur souhaiter bon voyage qu'elles étaient déjà happées par ces grandes pulsions qui poussent les oiseaux sur les routes de l'air, vers des climats plus propices. L'an prochain elles seront là de nouveau tant il est impossible de concevoir un été sans la «délicieuse».

SIMPLE ET COUSU D'OR

*J*e veux célébrer la fleur d'or que le soleil, dans sa force nouvelle, éparpille dans les champs au printemps, la première fleur que nous avons cueillie, étant jeunes, pour l'offrir en bouquet, celle qui, au sens premier, a conquis la terre entière: le pissenlit. Vais-je le célébrer par pur défi, mécontent qu'on en ait fait le type des envahisseurs et des indésirables? Si je parle de lui, c'est tout simplement que je le considère, à plusieurs titres, comme une des merveilles du monde végétal.

Le pissenlit a une histoire. Né sans doute dans le nord de l'Asie, il est introduit au Moyen-Orient par les médecins Rhazès et Avicenne. On a coutume de dire que les Grecs et les Romains l'ignoraient, mais j'ai retrouvé dans l'œuvre du naturaliste Pline une mention qui veut que celui qui se frotte tout le corps avec le suc du pissenlit obtiendra tout ce qu'il désire. C'est au Moyen Âge qu'il pénètre en Europe. La forme de ses feuilles, dont les lobes recourbés évoquent les canines des grands félins, explique les premiers noms qu'on lui a donnés: *dente di leone* en Italie, *diente de leon* en Espagne, et *dent-de-lion* en France. C'est le mot français qui est passé en Angleterre où la plante encore aujourd'hui se dit *Dandelion.* Puis les premiers médecins, lui découvrant des vertus diurétiques, commencent à l'appeler *pisse-en-lict.* La première mention du mot se trouve dans l'œuvre d'Olivier de Serres, parue au XVIe siècle. Le botaniste écrit: «La décoction des feuilles de pisse-en-lict, en eau bue, fait uriner.» Et voilà que les termes de «pissenlit», «pisse–au–lit», «pisse-en-couche» remplacent peu à peu *dent-de-lion.* La plante acquiert une telle importance que les termes populaires abondent: «chicorée jaune», «salade de taupe», «florion d'or», «groin de porc», etc.

Dès le début du Grand Siècle, le pissenlit atteint le Nouveau Monde. Il est admis que les pèlerins du Mayflower transportaient des graines de *Taraxacum officinale* (c'est son nom scientifique). Soixante ans plus tard, on le retrouve en Nouvelle-France, où sa présence et son emploi culinaire sont attestés par le missionnaire Louis Nicolas qui vécut ici de 1664 à 1675. Très vite le pissenlit se répand dans toute l'Amérique du Nord à partir des lieux aménagés par l'homme. C'est un fait que la plante a une attirance notable pour l'être humain: partout où celui-ci prend racine poussent des pissenlits. Et quelle force, quelle endurance possède la plante! Elle s'installe aussi bien sur les terrains secs et humides qu'entre les sections des trottoirs des villes, dans les crevasses des murs, dans les lézardes des constructions de béton et même au milieu des routes. On en voit fleurir jusque dans les gouttières des maisons. Même l'Arctique connaît une espèce de pissenlit assez semblable à la nôtre. Cet incroyable succès s'explique par la plus importante qualité de la plante: sa ténacité, laquelle se comprend aisément quand on prend le temps de considérer sa structure entière. Car le pissenlit mérite qu'on le regarde de plus près.

Parmi les quatre cent mille plantes connues dans le monde, le pissenlit est l'une des mieux accrochées à la vie. Sa robustesse lui vient tout d'abord de sa racine, grosse comme un doigt, l'une qui plonge en vrillant dans les profondeurs du sol pour aller puiser la nourriture que les autres végétaux ne peuvent atteindre. Au surplus, cette racine émet un gaz qui a la propriété de retarder la croissance des plantes concurrentes. Et gare à celles qui résistent à cette guerre chimique! Tassées sur le sol, les feuilles qui se déploient en une rosette compacte, étouffent tout ce qui croît dans leur périmètre. Mieux encore: le pissenlit est doué de cette étrange propriété d'être à lui-même son propre médecin. Qu'arrive-t-il quand on veut arracher un plant de pissenlit à fleur de terre? Il se forme aussitôt à l'extrémité de la tige sectionnée une callosité qui ferme la blessure. Au bout de quelques jours c'est quatre ou cinq nouveaux plants qui naîtront à l'endroit même de la cicatrice. On ne s'attaque pas impunément à un pissenlit!

Voilà pour la survie. Établir son domaine n'est pas tout; il faut, pour une plante, se continuer. Tout le monde connaît la fleur jaune du pissenlit, laquelle d'ailleurs n'est pas une fleur, mais un bouquet de fleurs, chaque pétale étant en réalité une fleur comme chez la marguerite ou la chicorée. Il est à ce propos intéressant de savoir que le pissenlit est une plante de jour bref: il ne peut fleurir que les jours où la lumière n'excède pas une durée de douze heures. C'est pourquoi il fait ses fleurs au printemps et au début de l'automne. Ces fleurs ne vivent qu'une journée. Le soir, la hampe (c'est la tige rosée à l'intérieur de laquelle circule le latex blanc) se courbe vers le sol. Quelques jours plus tard, elle se redresse de nouveau, mais cette fois l'extrémité ne porte plus de fleurs, mais un ensemble de cent quatre-vingts graines qui se terminent chacune par un petit parachute

blanc, léger et soyeux. Ce sont les fameux «minous de pissenlit» que le dictionnaire Larousse sème à tout vent. Fait singulier et qui donne encore plus de puissance au pissenlit, ces graines n'ont pas besoin d'être fertilisées; grâce à leur extrême légèreté, le vent peut les transporter à de grandes distances du plant mère pour faire naître un nombre considérable de nouvelles plantes. Mais vivre est dangereux, attention! Un vent violent, une pluie abondante risquent de détacher les graines soyeuses avant qu'elles ne soient mûres et qu'elles puissent s'envoler. Le pissenlit a tout prévu: au moindre signe de mauvais temps, la hampe fléchit vers le sol et se recourbe de manière à empêcher la libération des «minous». Le temps redevenant plus serein, la hampe pointe de nouveau, couronnée de tous ses fruits.

Ne dirait-on pas que le pissenlit est une plante qui, d'une certaine manière, pense? N'est-ce pas cette impression qui est à l'origine du surnom «tête-de-moine» qu'il porte encore dans certaines régions de France? Nullement. La tradition populaire l'appelle ainsi parce qu'après l'envol des graines, ne subsiste plus à l'extrémité de la tige qu'un bouton rosé assez semblable au crâne largement tonsuré de certains cénobites. Curieusement ce sont des moines qui, au Moyen Âge, ont publié les multiples vertus du pissenlit.

La fleur d'or du pissenlit est symbole de richesse. Un naturaliste américain n'a-t-il pas écrit à son sujet: «Les enfants cueillant des fleurs de pissenlit sur la pelouse ramassent de l'or. Plus ils en sauront sur le pissenlit, plus ils seront convaincus qu'ils sont en train de ramasser de l'or. C'est le genre de richesse qui paie des dividendes la vie entière»? Osera-ton dire que c'est bien en espèces sonnantes que le pissenlit peut rapporter? N'est-il pas considéré aujourd'hui comme la seule plante non tropicale capable de fournir assez de caoutchouc pour devenir une véritable matière première? Une espèce, cultivée en Ukraine, possède des racines contenant jusqu'à dix pour cent de caoutchouc. Pendant la dernière guerre, la Russie et les États-Unis ont mis au point une industrie du caoutchouc qui utilisait principalement les racines du *Taraxacum*.

Sa vraie richesse, il est vrai, n'est pas là. Très tôt on a reconnu les vertus médicinales de cette plante et c'est sans doute à cause de ces qualités qu'elle a été introduite partout dans le monde occidental. Les premières recettes pharmaceutiques ont cependant de quoi nous surprendre par leur étrangeté et leur empirisme. Barbette, un chirurgien célèbre du XVIIe siècle conseillait de mélanger le suc de pissenlit à une certaine quantité d'yeux d'écrevisses! Son contemporain, Schmuck, assure quant à lui que la racine portée en amulette «efface les taches, nuages et autres vices des yeux». À l'époque de la Renaissance, le latex blanc était largement utilisé comme produit de beauté propre à effacer les taches de rousseur. Encore aujourd'hui on rencontre des personnes qui affirment que le lait de pissenlit guérit des verrues. J'ai un ami qui a essayé. En vain. Peut-être n'avait-il pas suffisamment la foi?

Une chose demeure assurée: le pissenlit sert à guérir. Et son nom indique assez bien la priorité de ses usages en médecine. De tout temps il a servi de diurétique. Et se trouvent encore des médecins pour en conseiller l'usage aux arthritiques et à ceux dont les fonctions rénales languissent. Ce sont les feuilles fraîches cueillies au printemps qui ont le plus de vertus et ce sont elles qu'il faut consommer en salade ou en décoction.

Est-il vrai, comme le prétendent certains herboristes, que son action est particulièrement bienfaisante dans les maladies du foie? En 1716 déjà, le moine guérisseur dom Nicolas Alexandre affirmait que le pissenlit passe pour une des principales plantes hépatiques susceptibles de «corriger et de rétablir le vice de la masse du sang». Or de récents travaux scientifiques ont établi que l'extrait de feuilles de *Taraxacum* parvient à quadrupler le volume de bile fournie par le foie en une demi-heure. Un record. On comprend alors que l'essence de pissenlit soit administrée pour soulager les premiers stades de la cirrhose. Cette propriété explique sans doute pourquoi on conseille aux personnes souffrant de digestion paresseuse de faire une cure de salade de pissenlits au printemps, à raison de deux portions par jour pendant deux semaines. On dit même qu'une telle cure a pour effet d'accélérer le métabolisme, de baisser la tension et d'épurer le sang. Qui mettra en doute l'action dépurative de la plante? Plusieurs cas d'eczéma, de furoncles et d'ennuis épidermiques sérieux ont été guéris grâce au pissenlit.

Trop amère, la feuille en dent de lion? Sachez que c'est son amertume même, qualifiée par certains de «cordiale», qui dans certains cas la rend souhaitable. Parlons donc un peu de cette saveur qui fait pincer les lèvres. Certaines populations anciennes considéraient que l'amertume donnait de la force et que l'on pouvait guérir d'une maladie en buvant un bouillon de plantes amères. L'herboristerie moderne enseigne que les plantes amères produisent un choc salutaire dans l'organisme, à la suite duquel des réflexes font travailler les glandes. Un apéritif amer par exemple stimule l'appétit et met en branle le processus de la digestion.

Oui, le pissenlit vaut son pesant d'or, comme remède et comme aliment. Plusieurs parties de la plante sont comestibles. La racine tout d'abord, cette carotte d'une teinte violacée, sera grillée, broyée et infusée pour donner une boisson amère servant de substitut au café. L'histoire, au surplus, présente un cas célèbre où la racine de pissenlit a sauvé de la famine une population entière. Il y a un siècle, l'île de Minorque, dans les Baléares, a connu une invasion de sauterelles qui dévastèrent l'ensemble de la végétation. Pendant des mois les Minorquais ont survécu en mangeant des racines de pissenlit grillées. Sans l'inespérée pitance, aurait dit l'humoriste, ce peuple en était quitte pour manger les pissenlits par la racine et d'une manière autrement plus définitive.

Ce sont les feuilles du pissenlit qui ont la place d'honneur dans la gastronomie universelle. Si, pendant l'été, la verdure devient coriace et amère, au printemps elle est tendre sous la dent et douce au palais. C'est dans les deux semaines qui suivent son apparition qu'il faut la consommer. La meilleure recette consiste à les servir en salade accompagnées de croûtons légèrement frottés d'ail et frits dans l'huile. Un délice qui est en même temps un remède: n'a-t-on pas découvert au cours des dernières décennies que le pissenlit est une des plantes les plus nourrissantes qui soient. La tige et les feuilles, si on les compare aux autres végétaux cultivés, ont la plus haute teneur en glucides. Ces mêmes tiges et feuilles sont riches en calcium et contiennent plus de vitamine A que les épinards. À elles seules les feuilles sont une excellente source de fer, de potassium et de phosphore. Elles sont actuellement la meilleure source connue de cuivre, dont l'importance dans l'organisme humain vient d'être reconnue.

La manne verte est sur votre pelouse et vous pestez contre elle? Ne sentez-vous pas quelque honte vous rougir les tempes?

* * *

Les humains ne sont pas les seuls êtres capables d'apprécier les vertus du pissenlit. Les vaches, dans les pâturages, on le sait, trouvent en lui un stimulant naturel de la lactation. Les oiseaux, pour leur part, s'intéressent aux fruits de la plante comme nourriture, mais aussi, nous le verrons, comme élément de confort. Laissez-moi vous raconter une petite scène dont j'ai été témoin il y a quelques années. J'observais un moineau en train de transporter du matériel dans une maisonnette pour y faire un nid. Je me rendis compte qu'il allait cueillir sur la pelouse des minous de pissenlit. Il coupait la tige avec son bec et la transportait en vol, la tenant de manière à garder la boule d'aigrettes derrière lui. Il pouvait ainsi, avec précaution, la faire passer dans le trou du nichoir. À l'intérieur, il effilochait la boule d'akènes pour en tapisser, sans doute, le fond du nid et rejetait au dehors la hampe dégarnie. Cette scène me parut d'autant plus drôle que le pissenlit pourrait être d'une certaine manière considéré comme le «moineau des fleurs»: comme le passereau il vient d'Europe et a été introduit en Amérique; comme lui aussi il s'y est ménagé, par une farouche compétition, une place de choix.

Mais les oiseaux et les ruminants ne sont pas les seuls animaux à consommer la «dent-de-lion». Les papillons hâtifs, comme le Monarque migrateur, trouvent dans ses fleurs leur principale source de nectar. Saviez-vous également que la plante a quelque chose à voir avec le miel que vous dégustez? Les abeilles, au printemps, ont besoin de sucre et de pollen pour nourrir leurs larves et pour bâtir la ruche

nouvelle. Ce miel, d'une belle teinte dorée, elles le produiront en butinant les fleurs du pissenlit, une des premières
plantes à donner une abondance de fleurs mellifères au début
de la saison.

C'est en ce sens qu'un auteur a pu écrire que le pissenlit
contribue à faire de notre pays «une terre où coulent le lait
et le miel».

* * *

«Chandelle du curé», «soleil», «fleur du tonnerre», «minou»,
«mimi voyageur», «doudou», «soufflet», «souffle de la
vierge», «ventoux», «vol-au-vent», «voleur», «voyageur» et
«voyageuse», «bonne nouvelle», «fleur-horloge»: voilà
autant de noms colorés que le peuple s'est donnés, dans les
pays de langue française, pour nommer la fleur du pissenlit
quand les fruits mûrs forment la célèbre boule d'aigrettes
soyeuses.

Le folklore du pissenlit est un des plus riches de la flore
universelle. En bien des endroits, on croyait, il y a encore
quelques années, que toucher ou respirer le pissenlit en fleurs
suffisait pour faire uriner abondamment les enfants. À plus
forte raison quand ils en mangeaient. On croyait également
que les jeunes filles qui l'utilisaient trop souvent pour
s'éclaircir le teint risquaient d'avoir plus tard des enfants
malingres. Ce sont là des légendes qui ont eu la vie dure.

La partie la plus intéressante du folklore du pissenlit concerne, on s'en doutait, la boule d'aigrettes blanches. Dans certaines régions de France, on appelle «souffler la chandelle» le jeu qui consiste à disperser les «minous» dans le vent en les soufflant. Une grande partie de ces pratiques ont été transportées au Québec. Souffler la chandelle, pour un enfant, est un geste grave et chargé de conséquences. Un garçon, par exemple, se doit de disperser toutes les graines d'un seul souffle: à ce signe seulement il deviendra plus tard un homme. Pour les filles, c'était différent, du moins quand nous étions jeunes. Autant de fois une fille était obligée de souffler pour faire s'envoler toutes les aigrettes, autant d'années elle aurait à attendre avant de se marier. Et plaignons l'amoureux ou l'amoureuse qui cueille avec précaution une belle boule de pissenlit. Toute sa destinée est contenue dans la puissance de son souffle. Si la personne ne réussit pas à souffler la chandelle d'un seul coup, c'est qu'elle est trompée en amour!

Tant qu'il y aura des pissenlits et tant qu'il y aura des enfants amoureux, le jeu qui consiste à deviner l'état des sentiments que l'on provoque d'après les évolutions aériennes des aigrettes sera toujours pratiqué. Si les «minous» s'élèvent en l'air, on est aimé; s'ils volent de chaque côté, sans monter ni descendre, on est un peu aimé; s'ils tombent par terre, on n'est pas aimé.

Il est dit par ailleurs que si vous voyez venir vers vous

une aigrette poussée par le vent, vous pouvez vous attendre à recevoir un grand bonheur. Je ne miserais pas gros sur ce genre de présage, mais, en revanche, si vous avez assez de simplicité d'âme pour saluer, à la prochaine occasion, le pissenlit qui pousse à deux pas de votre porte, je n'hésiterais pas à dire que vous êtes au seuil d'une joie. Car vous êtes capable de voir, comme le poète, que «la nature n'est nulle part plus admirable que dans ses œuvres infimes».

UN SUCRIER HAUT EN COULEUR

Que feriez-vous sachant qu'il ne vous reste qu'une journée à vivre? À cette grave question, un sage oriental répondait laconiquement, comme il se doit: «Je planterais un arbre.» Que peut-on léguer de plus prometteur qu'un être vivant capable de fournir ombrage frais et chaleur odorante, fleurs et fruits, capable d'assainir l'air ambiant? Un arbre, c'est l'union verticale du ciel et de la terre, c'est le gîte des oiseaux, des cigales et des écureuils. Un arbre, c'est la table sur laquelle je suis en train d'écrire qu'une des plus grandes trouvailles de l'homme, c'est encore le papier, qui, du reste, dans presque tous les pays du monde, est fourni par l'arbre! On fait pousser des arbres pour une infinité d'usages, mais j'ai un faible pour ces grands feuillus qu'on plante près des maisons pour souligner une date importante de la vie. Je ne cesse de rêver quand je circule en voiture: tiens, ce chêne superbe est une petite fille blonde née il y a cent vingt-cinq ans, ce peuplier orgueilleux est un amour qui dit au monde qu'il ne mourra jamais, cet arbre exotique dans le parc de la ville est un cadeau d'un pays qui n'existe même plus! Oui, on devrait planter des arbres, ne serait-ce que pour les voir rougir à l'automne, disait à peu près H.D. Thoreau.

L'arbre, c'est le concret, la réalité toujours visible, la certitude. Cet arbre qui sera encore là à bouger devant la fenêtre de votre chambre, bien après que vous aurez cassé la pipe, saviez-vous qu'il est entouré d'énigmes? La première de ces énigmes concerne la naissance du premier arbre sur la terre. Qui pourra dire d'où il vient? Il a bourgeonné une première fois il y a tant de millions d'années que nous parvenons difficilement à saisir un temps aussi long. Est-il né d'une tige d'algue rejetée par la mer sur un sol où il a réussi à fixer de fines racines? Serait-il le fruit de l'évolution des mousses énormes qui atteignaient dans la préhistoire une hauteur de vingt mètres et qui ne mesurent plus aujourd'hui que quelques centimètres sur le sol humide des forêts?

Autre énigme passionnante: la structure de l'arbre. Par quelles voies, à partir de l'immense bouquet de racines, la sève chemine-t-elle jusqu'à la dernière feuille de l'arbre le plus haut?

On sait, par exemple, qu'en une seule journée estivale, un bouleau peut exsuder quatre cents litres d'eau. Et que soixante-dix-sept millions de gallons d'eau peuvent s'évaporer d'un mille carré d'arbres feuillus.

Pour transpirer, l'arbre doit boire. Il est en réalité la plus remarquable pompe qui soit: silencieuse et constante. On a calculé qu'un arbuste de quelques centimètres de haut soutire de la terre quelque quarante-cinq litres d'eau par jour pour alimenter ses feuilles. Un chêne adulte en pompe quotidiennement près de sept cents litres. Pour ceux qui aiment les chiffres, j'ajouterai qu'un arbre type de douze mètres de haut puise dans le sol deux cent vingt-cinq litres par jour d'une solution nutritive, la fait parvenir jusqu'à ses feuilles supérieures, la transforme en cinq kilos d'hydrates de carbone et libère dans l'air près de deux mètres cubes d'oxygène pur.

L'arbre illustre à merveille une des grandes réalités de notre présence au monde: c'est que nous ne voyons qu'une bien faible partie des choses qui nous entourent. Un arbre, par exemple, est beaucoup plus grand, plus large dans le sol que sur terre. On a mesuré un jour la partie souterraine d'une simple tige de seigle. On a alors extrait du sol près de trois cents kilomètres de racines et près de sept mille cinq cents kilomètres de radicelles.

De même, on ne sait pas toujours que *tous* les arbres produisent des fleurs et des fruits. Ces fleurs sont parfaites et typiques comme chez les pommiers et les amélanchiers par exemple. D'autres, comme chez les aulnes et les saules, se présentent sous forme de bractées communément appelées «chatons».

C'est par ses fleurs qu'un arbre se reproduit. Rassurez-vous: je ne vous donnerai pas un cours de botanique, mais je vous résumerai le phénomène, ce qui vous évitera d'aller consulter de gros ouvrages. Le pollen, produit dans l'étamine, entre en contact avec le stigmate de la fleur femelle. Chaque grain se dépose dans l'ovaire où son noyau s'unit à l'ovule le plus proche. Cette union donnera naissance à une graine, contenue dans un fruit produit par l'ovaire. Ce fruit, vous le connaissez sous forme de gland, de faîne, de cerise, de pomme, etc. Mais savez-vous que les érables, par exemple, en produisent aussi? Ils sont merveilleux et ils excitent toujours la curiosité des enfants. Jules Renard disait des oiseaux qu'ils étaient des fruits voyageant d'un arbre à un autre. Le fruit de l'érable, lui, est comme un oiseau! Il faut qu'il en soit ainsi parce que si toutes les graines qu'un arbre produit tombaient sur le sol, dans ses parages immédiats, les jeunes pousses n'auraient aucune chance de parvenir à l'âge adulte. Au cours de l'évolution, les graines et les fruits ont donc mis au point un système de dispersion qui les éloigne de leurs parents. Voilà pourquoi les fruits de l'érable se sont munis d'une paire d'ailes qui ressemblent assez à celles de certains insectes. On les appelle des disamares. (Ceux qui n'ont qu'une aile, comme ceux du frêne et de l'orme, sont appelés samares.) Ces ailes forment avec la graine un curieux amalgame d'hélice et de parachute qui a pour fonction de tourner autour d'un axe imaginaire. «Pour peu que le système soit légèrement asymétrique, écrit Marie-Victorin, le fruit peut alors s'éloigner de l'arbre» et aller vers cette portion du sol baignée par le soleil.

Mais nous, nous ne quitterons par l'arbre. Nous allons plutôt nous en approcher. Cet arbre est d'une essence bien particulière. C'est l'arbre-totem des Québécois, l'arbre par excellence. De lui, un poète a dit que nous l'aimons comme la France aime le vieux Chêne gaulois. C'est l'arbre d'ombrage qu'on plante le plus volontiers autour des maisons. Sa feuille est une merveille en automne: elle a été longtemps l'emblème du Québec avant de décorer le drapeau canadien. C'est l'arbre aux mille usages, aux mille richesses. Je prononce avec émotion la formule magique: *Acer saccarum, Acer saccarum*. Et nous pouvons maintenant pénétrer dans l'univers inépuisable de l'Érable à sucre!

* * *

L'Érable à sucre est tellement connu au Québec — presque vénéré — que les habitants de cette province sont persuadés qu'il est un don particulier de la nature qui les entoure. En fait, la famille des Acéracées compte cent cinquante espèces à travers le monde. À eux seuls, la Chine et le Japon en ont soixante-huit espèces. Vingt-sept espèces poussent sur les bords de la Méditerranée. Douze espèces sont indigènes du Canada et six du Québec. À part l'Érable à sucre, on trouve l'Érable rouge (Plaine rouge), l'Érable argenté, l'Érable à épis, l'Érable de Pennsylvanie (Bois barré — Bois d'orignal) et l'Érable noir. L'Érable à Giguère (Négundo) a été introduit dans l'ouest comme arbre d'ornement sous le Régime français.

Le nom générique latin *acer* signifie: «dur», et il rappelle la densité du bois de l'arbre. Il s'est trouvé pourtant au début du siècle, chez nous, un abbé du nom de Moyen qui prétendait que le nom venait de *acus* (pointu) parce que l'arbre servait chez les Anciens à confectionner des lances et des pics!

L'Érable à sucre est un de nos plus grands arbres. Il atteint généralement vingt-sept mètres de haut et peut s'élever dans certaines circonstances favorables jusqu'à quarante mètres. Son diamètre est alors de cent vingt centimètres. Les forestiers emploient le sigle HPH (hauteur à poitrine d'homme) pour désigner le lieu du tronc où l'on mesure le diamètre ou la circonférence d'un arbre.

Un Érable à sucre vit en moyenne deux cent cinquante ans. Certains individus vivent jusqu'à quatre cents ans. Mais leur croissance diminue beaucoup après cent cinquante ans. Tout le monde connaît la forme particulière de la feuille d'érable: elle rappelle plus ou moins le dessin palmé de la patte de l'oie, ce qui explique le mot italien *pié d'oca* (pied d'oie) pour désigner une essence locale d'érable.

L'Érable à sucre est la seule espèce de nos érables à pouvoir former des peuplements purs, c'est-à-dire constitués seulement d'arbres de la même essence. Mais dans la plupart de nos érablières, on rencontre aussi des hêtres, des bouleaux jaunes et blancs, des cerisiers tardifs et certains résineux comme le Sapin baumier et l'Épinette blanche.

Si vous avez eu le loisir de marcher dans une érablière pendant l'été, vous avez remarqué ces milliers de jeunes pousses, à deux feuilles seulement parfois, qui se tassent sur le tapis forestier. Ce sont les plantules de l'année. Bien peu parviendront à l'âge adulte, mais le spectacle de leur nombre illustre une particularité de l'Érable à sucre: c'est la seule essence parmi nos érables à tolérer presque complètement l'ombre. C'est cette soif d'ombre — si l'on peut dire — qui permet les peuplements purs, les autres essences ayant plus ou moins besoin de soleil pour croître.

C'est à l'automne que la splendeur des érablières atteint son apogée, les feuilles devenant dorées, orangées, écarlates, violettes, la qualité acide ou alcaline du sol déterminant la variété des coloris.

Avant d'avoir des feuilles, un arbre a d'abord un tronc. Celui de l'Érable à sucre est constitué d'un bois qui est d'une importance notoire dans la vie des Québécois et des Américains de la région appalachienne. Il s'agit d'un magnifique bois blanc, d'une dureté remarquable et capable de prendre sous la sableuse un poli de vitre. On l'emploie encore beaucoup en ébénisterie. Ce bois est parfois ondé ou moucheté sous l'effet d'une concentration de sels minéraux; il est alors très recherché pour la fabrication des planchers.

On sera peut-être surpris d'apprendre qu'autrefois le bois d'érable servait à fabriquer les «chemins à lisses», précurseurs des chemins de fer. «Les trains du *Quebec and*

Gosford et du *Sherbrooke and Kennebec* circulèrent d'abord sur des rails en bois d'érable», nous rappelle Marie-Victorin.

Mais les Amérindiens ignoraient ces lourds moyens de transport; leurs chemins étaient les cours d'eau où glissait la fine coque des canots. Les nations du castor (Iroquois) appelaient l'érable: *apouiak*, l'arbre servant à fabriquer des avirons. Le mot aviron en cet idiome se disait: *apoui.*

On sait à quel point le bois d'érable est excellent à brûler. Mais sait-on que même les cendres étaient autrefois très recherchées pour en faire de la potasse (appelée «perlasse»). Les perlassiers en vendaient à fort prix de pleines barriques en Europe.

Ce qui est plus surprenant, c'est que le bois d'érable a même de la valeur une fois pourri (ou «coti»). On connaît la bonne odeur qui circule dans les vieilles érablières en été. Cet odeur vient des arbres morts qui se décomposent dans le sol.

Les premiers Français n'ont pas manqué d'observer la qualité spéciale de ce bois pourri comme constituant de l'amadou. Le missionnaire Louis Nicolas écrivait en 1664:

> *Ce même bois pourri devient vert et luisant de telle manière qu'on peut lire la nuit quelque temps en le tenant à la main et j'ai vu les femmes de la nation de l'Oreille de pierre s'en servir pour faire des peintures vertes sur leurs peaux passées. On use encore de ce bois pourri pour faire de la mèche. Le feu s'y prend aisément et s'y conserve longtemps et avec tant d'attachement*

qu'il est très difficile de l'éteindre. Les fumeurs en sont toujours pourvus pour allumer le feu dans leurs pipes. C'est pour cela que les sauvages en portent de pleins petits sacs et c'est ce bois pourri dont ils se servent pour conserver leur feu.

Vous avez sans doute remarqué que certains arbres morts ont leur cœur réduit en poudre par certains insectes. Cette poudre était utilisée par les Amérindiens pour adoucir la peau de leurs bébés. On ne finira jamais d'épuiser les richesses de l'arbre!

L'Érable à sucre tire son nom d'une de ses propriétés principales: celle de contenir une sève sucrée. D'autres arbres produisent au printemps une sève contenant du glucose: le Bouleau, le Frêne, l'Érable rouge et l'Érable argenté. Mais l'Érable à sucre est l'espèce qui produit le plus de sève et la sève la plus sucrée. La présence de cette substance, dans l'histoire de notre pays, donne lieu à des épisodes passionnants. Le premier texte à mentionner son existence date de 1587 et il est dû à la plume d'André Thévet.

Le pays et terroir de Canada porte plusieurs arbres et fruits dont nous n'avions la connaissance. Entre lesquels il y a un arbre lequel a demeuré longtemps inutile et sans être connu jusques à tant que quelqu'un le voulant couper en jaillit un suc lequel fut trouvé d'autant bon goût et délicat que le bon vin d'Orléans ou de Beauce.

Rien de moins!

Ce sont donc les Amérindiens qui font connaître aux Français l'existence de la douce liqueur. Remarquez qu'à ce moment-là, il n'est pas question de sirop.

Cette eau sucrée, au parfum caractéristique, est d'abord appréciée pour son goût. Leclerc, en 1691, dira que les eaux de la Nouvelle-France valent le petit vin d'Europe.

Très rapidement on s'est intéressé aux vertus médicinales de la sève fameuse après avoir remarqué les qualités curatives des racines qui, mises à infuser vingt-quatre heures, allégeaient les «maux de côté». En 1672, le seigneur du cap Breton écrivait que cette eau «était bonne pour la pierre». Trente ans plus tard, le baron de la Hontan note: «Pas de breuvage au monde qui soit plus salutaire. On n'a jamais trouvé de remède plus propre à fortifier la poitrine.» Le père Charlevoix écrira en 1721:

Elle est fort amie de la poitrine et en quelque quantité qu'on en boive, quoique échauffé que l'on soit, elle ne fait point de mal. C'est qu'elle n'a point cette crudité qui cause la pleurésie, mais au contraire, une vertu balsamique qui adoucit le sang et un certain sel qui en entretient la chaleur.

Même Pehr Kalm, le sérieux botaniste suédois qui visita le Canada en 1748, parle de «cette eau qui guérit les brûlures».

On écrit encore aujourd'hui de gros volumes pour

tenter de situer l'origine du sirop et du sucre d'érable. Est-ce que les Indiens en fabriquaient? Ce n'est pas sûr. Ce qui est certain, en revanche, c'est qu'ils recueillaient l'eau et pouvaient la faire réduire en plongeant dans le liquide des cailloux chauffés au feu. Mais leurs récipients ne leur permettaient sans doute pas de confectionner le sirop tel qu'on le connaît de nos jours. Plus tard, quand ils recevront des Blancs des récipients adéquats, les Indiens feront du sirop et du sucre.

Il ne faut pas oublier que si les Français avaient découvert un sucre indigène en arrivant en Amérique du Nord, ils l'auraient mentionné puisque longtemps le sucre, considéré alors comme une épice, s'est vendu à prix d'or dans les officines des apothicaires.

À notre époque, qui baigne pour ainsi dire dans le sucre, on s'imagine mal l'importance de cette substance dans la vie d'autrefois. Le sucre servait même, au XVIIIe siècle, à conserver la viande, et les médecins l'employaient pour soulager les rhumes et apaiser la toux.

La découverte du sirop et du sucre d'érable au pays de Canada fut donc soulignée par tous ceux qui écrivaient à l'époque, surtout les missionnaires. Un des textes les plus surprenants par son lyrisme et ses excès d'optimisme est dû à la plume du père Lafiteau qui écrivit, en 1724, *Mœurs des Sauvages américains comparées aux mœurs des premiers temps :*

Les poètes, dans les descriptions qu'ils font de l'âge d'or,
nous disent entre autres merveilles que les chênes les plus
durs distillaient du miel ou qu'ils en distilleront. S'ils ont
prétendu mettre cela de niveau avec leurs hyperboles
comme quand ils disent que le miel coulera des rochers;
que les buissons produiront des grappes de raisins; qu'on
verra sortir des fontaines de lait ou de vin; nos sauvages
font voir qu'ils en savent plus qu'eux, ayant su tirer des
érables, qui sont une espèce de chêne très dur, un suc
naturel, lequel a autant ou plus d'agrément que le miel
que font les abeilles.

Arbre-totem, source des avirons, pourvoyeur de bois franc, pompe de sève nourrissante, créateur des feuillages où se déploie la moitié des couleurs du prisme, donneur d'amadou, fournisseur d'ombre parfaite, voici l'érable. Il est solide, mais on ne le croyait pas si sensible aux vices de l'air. Sur notre sol, pour l'heure, les érablières prennent leur coup de mort. Comme les peuplements étouffés sous les déchets.

LES CHAUVES-SOURIS ET MOI

I

C'était à l'époque de mes débuts comme naturaliste vulgarisateur. Un après-midi de juin, j'allais quitter le studio de radio où je venais de raconter, en direct, ce que je savais de ces malfamées du monde animal, les chauves-souris, quand on me demanda au téléphone. Un homme, d'une voix affable, me dit: «Si vous vous intéressez vraiment à ces animaux-là, venez chez moi, j'ai quelque chose d'assez impressionnant à vous montrer. J'habite à Saint-Augustin, près de Québec.» Enflammé par la curiosité, je lui répondis que le soir même, vers sept heures, je serais chez lui.

L'homme était un jeune sculpteur qui habitait, avec l'intention de la restaurer, une maison ancienne. Sans trop de préambules, il m'invita à monter à l'étage. Je remarquai qu'une échelle avait été placée contre le mur sous une trappe donnant accès au grenier. C'était la seule barrière qui me séparait de la «chose impressionnante».

— Avez-vous peur? me demanda mon hôte.

— Moi? Mais voyons, de quoi pourrais-je avoir peur?

Ma forfanterie arrivait mal cependant à masquer le dialogue fiévreux que menaient en moi deux personnages en désaccord. Mon côté curieux murmurait: «Tu ne vas quand même pas reculer devant une expérience captivante!» Et mon côté réaliste (certains diraient: craintif) rétorquait: «Tu es fou! Dans ce sombre grenier, tu découvriras des bêtes hideuses qui vont te souiller, qui vont te mordre peut-être...»

— Allons donc, répondait mon côté curieux, si «la chose» est vraiment dangereuse, je n'ai qu'à redescendre.

Finalement, le sculpteur, admirant mon courage et mon dévouement, me remit une lampe de poche.

— Et vous refermerez la trappe; il y a des enfants dans la maison.

— Évidemment, que je lui dis, avec un drôle de nœud au fond de la gorge.

Je m'exécutai. J'étais en train de pousser la trappe à bout de bras quand mon côté réaliste me souffla une dernière fois: «Tu l'auras voulu. Bonne chance quand même.»

Le grenier était noir et chaud comme l'intérieur d'un tuyau de poêle. Ce fut d'abord une puissante odeur d'ammoniac, âcre, offensante, qui me saisit les narines. Le faisceau de la lampe balaya le plancher où séchait une épaisse couche de guano. Cela ressemblait à un mélange de crottes de souris et de fientes d'oiseaux. L'écoutille bien refermée derrière moi, le spectacle commença. Des ailes silencieuses me frôlèrent le bout des cheveux et je fus tout à coup entouré par une masse de cris fins, très aigus, comme jamais je n'en avais entendu dans ma vie.

La torche électrique me révéla enfin l'ensemble de la scène. Dans ce grenier vivaient quelques centaines de chauves-souris que mon apparition soudaine affolait. Une bonne cinquantaine s'étaient mises en mouvement et volaient tout autour de moi dans cet espace clos. Un réflexe me fit m'accroupir sur mes talons. À la fois ému, inquiet, ébloui, j'ouvrais grands les yeux et enregistrais les images nouvelles qui s'offraient à moi. Ce furent d'abord les bêtes en vol qui retinrent mon attention. Me fascina la précision de ce vol erratique, irrégulier, assez semblable à celui des papillons. En aucun moment une chauve-souris ne me toucha, même si, parmi elles, régnait un tohu-bohu de panique. Puis je dirigeai le rond de lumière sur la pente du toit. Il éclaira des grappes

serrées, immobiles, qui pouvaient contenir une dizaine de
bêtes. D'autres disparaissaient en se faufilant dans les fentes
qui séparaient les planches du toit. Pour la première fois, je
vis l'extrême souplesse de l'animal, l'élasticité inimaginable
de son corps qui le rend capable de s'amincir au point de
disparaître dans une fente où logerait à peine un crayon.

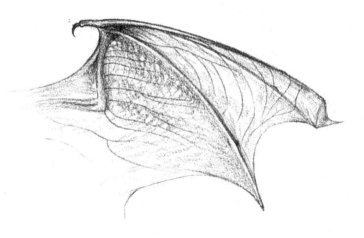

Je ne tenterai pas de vous convaincre de la beauté de la chauve-souris. Passe encore quand elle est en vol et qu'elle déploie la membrane brun foncé de ses ailes. Mais une chauve-souris agrippée, enveloppée dans ses ailes comme dans un étui, suspendue la tête en bas, ouvrant une gueule garnie de petites dents acérées, n'offre pas un spectacle particulièrement agréable. Et pourtant, croyez-moi, on s'y fait! On en arrive même à trouver une certaine grâce à ce petit être dont le corps, recouvert d'une soyeuse fourrure brune, se termine par une tête velue, d'allure vive, intelligente, où les grandes oreilles prennent toute la place. Il m'est arrivé, dans les années qui ont suivi cette expérience, de disséquer des chauves-souris et j'ai toujours éprouvé un certain plaisir à toucher la membrane nue de leurs ailes, le patagium, que l'écrivain D.H. Lawrence compare à un «morceau de parapluie». À preuve, cette page extraite de mes *Carnets de nature*, datée du 20 août 1978.

«Hier soir, en entrant dans la salle de bains [au chalet], j'ai vu une chauve-souris collée au mur, la tête en bas. Avec un journal plié, je la frappe, elle tombe, elle est secouée de ces tremblements qui indiquent le début de la mort chez les petits animaux. Je la prends dans ma main, la pose sur la table et l'examine dans le détail.

«Déployées, les ailes ont une envergure de huit pouces et sont démesurées par rapport au corps très menu. La fourrure est grise et brune, épaisse, étonnamment soyeuse.

Presque cachés dans les poils de la face, deux petits yeux noirs brillent d'un éclat curieux. Ce qui me surprend le plus, outre la grosseur du pénis, la série de dents pointues comme des aiguilles dans la gueule effilée et la petite poche qui relie la queue aux pattes arrière et qui sert de filet de chasse, c'est l'incomparable souplesse de la membrane qui forme l'aile. C'est une peau d'une grande douceur, si mince qu'on voit au travers le fin réseau des veines, si résistante qu'on ne parvient pas à la trouer avec le doigt.

«Certain qu'elle est bien morte, je l'amène chez les voisins pour leur faire découvrir les merveilles de cette anatomie singulière. On prend l'animal, on le tâte dans tous les sens, on lui ouvre les ailes, on lui fouille dans la gueule avec un bâtonnet, etc. Puis j'enroule la chauve-souris dans un journal et la mets à l'abri sous la remise pour la montrer aux enfants le lendemain.

«Ce matin, je vais la chercher. Le journal est bien en place. Mais la chauve-souris s'est esquivée.»

Je garde, encore aujourd'hui, à quinze ans de distance, le plein souvenir de ma première rencontre avec une colonie de chauves-souris. Cette visite au grenier de Saint-Augustin ne dura qu'une dizaine de minutes, mais elle suffit pour aiguiser mon intérêt. J'en savais assez à l'époque sur le sujet pour avoir reconnu une des douze espèces de chauves-souris que l'on retrouve au Canada: la Petite Chauve-souris brune. C'est elle que vous apercevez, au crépuscule, l'été, à la campagne et même dans les villes. On estime leur nombre à cent millions en Amérique du Nord. Oserai-je dire que c'est un des êtres les plus intéressants à partager avec nous cette planète où, en cinquante millions d'années d'existence, elle a pu raffiner son corps et ses méthodes.

Lorsque Dieu créa l'hirondelle, le diable s'empressa de créer la chauve-souris. C'est pourquoi elle se fond dans l'obscurité de la nuit pour mieux sucer le sang des personnes endormies. Voilà pourquoi également elle présage une mort prochaine quand elle vole avec insistance autour d'une maison. Elle prend plaisir à s'emmêler dans la chevelure abondante des femmes; elle aime se fixer sur leurs vêtements blancs. Compagne des sorcières, elle a déjà été utilisée dans la magie blanche. Elle servait autrefois, dans certaines régions d'Europe, à préparer des philtres d'amour. Pour se faire aimer, il fallait capturer une chauve-souris, la faire brûler et en jeter les cendres sur la personne dont on voulait exciter la passion.

Tout cela évidemment relève de la légende mâtinée de superstition. Ces faussetés sont venues masquer dans l'esprit des humains la vraie personnalité de l'animal. Les Orientaux, quant à eux, n'ont pas la même perception de la chauve-souris. En Chine, par exemple, elle symbolise le bonheur parce que le caractère qui la désigne se prononce de la même manière que celui qui indique le bonheur. Dans la peinture symbolique, cinq chauves-souris disposées en quinconce figurent les cinq bonheurs: richesse, longévité, tranquillité, culte de la vertu et bonne mort.

En Afrique, la chauve-souris est signe de la perspicacité, sachant retrouver son chemin dans la nuit. Chez nous, c'est parce qu'elle est nocturne qu'elle fait peur et qu'elle est encore pour la plupart entourée de mystères. Son nom même la rapproche de ces oiseaux de nuit qui nous font tressaillir. On oublie parfois que le mot «chauve», dans ce sens, vient du mot latin d'origine gauloise *cawa*, qui a donné *chouette*. Mais le mot «souris», quant à lui, n'a aucun fondement zoologique, les chauves-souris n'ayant rien à voir avec les rongeurs. Pas plus d'ailleurs qu'avec les oiseaux. On est toujours un peu surpris quand on apprend que la chauve-souris est plus près de l'être humain que de la souris. Les anciens traités de zoologie ne la classaient-ils pas avec les Primates parmi les animaux à quatre mains? La raison de ce rapprochement n'est-elle pas que, comme nous, elle a des mains (dont les doigts s'allongent pour servir de support à la membrane de l'aile); qu'à l'instar des humains, la femelle a deux mamelles situées sur la poitrine; que cette femelle donne naissance à un seul petit par année et que ce rejeton est doté de dents de lait qui seront remplacées plus tard par la dentition permanente?

Comme nous, elle a peuplé la terre entière. Sa population, seconde en importance numérique — la première place revenant aux rongeurs —, se répartit en neuf cents espèces différentes, la plupart vivant dans les régions tropicales. Certaines sont aussi grosses que des lapins: la fameuse Roussette ou Renard volant de l'Amérique du Sud a une envergure d'ailes atteignant celle du cygne. La plus petite chauve-souris du monde, à peine plus grosse que votre pouce, habite le Sud-Est asiatique, où on la confond le plus souvent avec les papillons de nuit. Certaines races se nourrissent de fruits, d'autres cueillent le nectar des fleurs ou pêchent en rasant la surface de l'eau. Quelques espèces de l'Amérique tropicale sucent le sang des bêtes endormies. Les voilà, les vrais vampires, que la légende a mués en monstres nocturnes. Assez curieusement, ces légendes sont nées dans l'Ancien Monde, bien avant la découverte de l'Amérique. En fait, les vampires ne sont pas aussi effroyables qu'on le dit. S'il est vrai qu'ils reviennent plusieurs nuits de suite sur la même victime pour lui dérober quelques gouttes de sang, aucune des sept espèces n'excède la taille du merle. Si les vampires n'étaient parfois vecteurs de la rage (comme toutes les chauves-souris d'ailleurs), leurs assauts passeraient à peu près inaperçus.

Rassurez-vous. La plupart des chauves-souris sont insectivores et c'est la nuit qu'elles sortent pour se livrer à leurs chasses. Il est assez surprenant de constater que tous les mammifères qui volent ou qui planent sont nocturnes. En réalité, la chauve-souris est le seul mammifère doué de la faculté de voler; vol remarquable d'ailleurs autant par sa puissance que par sa précision et sa rapidité. Une petite chauve-souris brune est capable, sur de courtes distances, de produire trois battements d'ailes à la seconde; elle peut plonger, tourner sur elle-même, esquiver à la dernière seconde un obstacle, ce que peu d'oiseaux feront. On sait également que ces bêtes sont très attachées à leur gîte et que si on les en éloigne, elles y reviendront, quelle que soit la distance. Une chauve-souris capturée et relâchée à cent vingt-cinq kilomètres est revenue à son abri en deux nuits. C'est sans doute à cause de ces performances aériennes qu'un naturaliste a déclaré que la chauve-souris était l'animal le plus perfectionné de la création. On verra que son admiration était justifiée.

Plusieurs choses m'avaient frappé lors de mon excursion dans le grenier de Saint-Augustin. Tout d'abord le fait que la chauve-souris, dès qu'elle n'est pas en vol, adopte toujours la même position: tête en bas, ailes étroitement repliées contre son corps. Obligée de se déplacer sur une surface verticale, elle se tiendra agrippée par ses griffes postérieures et les crochets qui terminent ses pouces. Une chauve-souris au repos est toujours suspendue par les pattes arrière, posture qui a pour effet d'abaisser son régime interne, de ralentir son métabolisme et... de faire d'elle un vivant symbole de l'économie d'énergie! N'est-ce pas pour cette raison qu'un si petit animal peut atteindre des records de longévité? Si certaines chauves-souris ont été retrouvées vingt-cinq ans plus tard saines et sauves, la Petite Chauve-souris brune, elle, qui pourrait loger à l'aise dans un œuf de poule, connaît, relativement à son poids et à sa dimension, la plus grande espérance de vie: vingt et un ans! Il est vrai que ces bêtes cessent quasiment de vivre pendant l'hiver, saison qui les plonge dans une léthargie totale et qui amène leur sang à une température avoisinant le point de congélation.

Un autre élément avait retenu mon attention dans le grenier. Certaines bêtes, avant de disparaître dans les fentes du plafond, dardaient sur moi de petits yeux noirs comme des points de jais. J'étais sûr qu'elles me regardaient, qu'elles suivaient mes gestes. Je n'avais pas tort: il est prouvé que les chauves-souris jouissent d'une vue excellente. Est-ce à dire qu'elles se servent de leurs yeux pour chasser dans l'obscurité? Ceci est une autre histoire...

On sait depuis longtemps qu'elles sont capables de saisir de menues bestioles dans les nuits d'encre et qu'elles peuvent se déplacer à grande vitesse dans les cavernes où règne une parfaite obscurité. Ce n'est qu'en 1794 qu'un naturaliste se pencha sérieusement sur le problème de leur direction nocturne. L'Italien Spallanzani aveugla quelques spécimens avec de la cire et les lâcha dans la nuit. Quand il les reprit, il découvrit des estomacs remplis d'insectes. Des calculs permettaient d'affirmer que les plus petites chauves-souris, dans le noir des nuits sans lune, avalaient un gramme d'insectes à l'heure, ce qui représente un insecte à toutes les cinq secondes. Spallanzani conclut ses recherches en disant que ces animaux devaient avoir recours à un sens particulier pour repérer leurs proies.

Il fallut attendre un siècle et demi pour qu'un biologiste, l'Américain Griffin, établisse avec certitude que les chauves-souris utilisent un système d'écholocation apparenté au radar et au sonar, lesquels d'ailleurs ont été inventés à la même époque, au seuil de la Deuxième Guerre mondiale. Griffin conclut ses expériences en affirmant: «Gramme pour gramme, watt pour watt, le sonar des chauves-souris est des centaines de milliards de fois plus efficace et plus sensible que les sonars construits par l'homme.» Si la formule a de quoi impressionner, le phénomène, lui, émerveille par sa perfection.

Voici en résumé comment fonctionne cet appareil. Une chauve-souris se déplace toujours la gueule ouverte. Son larynx émet un son dont les fréquences sont si élevées que l'oreille humaine ne peut les percevoir. Qu'il suffise de dire que les vibrations accessibles à notre oreille se situent entre vingt et vingt mille cycles par seconde alors que la Petite Chauve-souris brune produit des ultra-sons variant entre quarante-cinq mille et quatre-vingt-dix mille cycles par seconde. Chacun de ces ultra-sons, dès qu'il heurte un obstacle ou un objet volant, rebondit vers l'oreille de l'animal qui le décode instantanément. L'ensemble de ces vibrations brosse le tableau sonore du paysage dans lequel évolue l'animal. Mais depuis qu'on a compris le phénomène, les savants ont mis au point des appareils susceptibles de capter le dit sonar. Ils ont alors découvert que les chauves-souris varient le rythme des vibrations. Un de ces appareils traduit les sons inaudibles en bips perceptibles. Quand une chauve-souris se promène à une quinzaine de mètres au-dessus du sol, les bips ressemblent au pout-pout d'un vieux moteur marin. Dès que l'animal a repéré un insecte, les vibrations s'accélèrent et le tempo s'apparente au bruit d'un moteur hors-bord. Et au moment où le mammifère prend sa proie en chasse, les bip-bip évoquent le moteur d'un avion monoplace. On s'est même rendu compte qu'au moment où le rythme sonore acquiert de la vitesse, la longueur d'onde émise est d'environ dix millimètres, ce qui correspond aux dimensions de la plupart des petites proies volantes dont l'animal fait ses délices. Cette découverte a enfin permis aux savants d'affirmer que chacun des insectes que croque la chauve-souris — ils se comptent par milliers dans une seule nuit — est repéré, localisé, pris en chasse et attrapé dans le petit sac que l'animal forme en ramenant sa queue vers l'avant. Une fois le moustique ou le papillon dans le filet, l'animal va le cueillir avec sa gueule et l'avale.

Allons-nous nous contenter de ces découvertes, si étonnantes soient-elles? C'est trop peu. Après avoir démontré que c'est bien le sonar qui permet aux chauves-souris de se diriger dans la nuit, Griffin mit en évidence la sensibilité aiguë de leur oreille en découvrant que l'ultra-son qui lui était renvoyé était en fait deux mille fois plus faible que le son originel. Bien plus. On sait que les chauves-souris sont éminemment grégaires, qu'elles chassent souvent en groupes nombreux. Quand on pense que chaque espèce produit des sons de même fréquence et que plusieurs individus de la même race chassent ensemble, on ne peut que s'émerveiller à la pensée que chaque animal est capable, dans la confusion des signaux de même définition, de se guider d'après l'écho que lui renvoie son propre signal.

Tous les chercheurs travaillant avec les chauves-souris s'accordent pour le dire: cet animal muni d'ailes en cuir, à peine plus lourd qu'une pièce de cinquante cents, capable d'effectuer des migrations de plusieurs centaines de kilomètres, de repérer un moustique dans la nuit absolue, d'éviter un filet à papillons, de vivre plusieurs mois sur ses réserves, de traverser les pales d'un ventilateur en mouvement, de réduire la température de son corps jusqu'au seuil du point de congélation, de voler avec son petit accroché à sa mamelle, ce petit animal, donc, est une des merveilles les plus accomplies de notre planète. Vieilles de cinquante millions d'années, les chauves-souris ont connu les derniers bouleversements qui ont façonné l'écorce terrestre. Elles sont encore parmi nous, mystérieuses maîtresses du royaume de la nuit, parlant un langage que nous ne pouvons même pas entendre.

II

Voilà où j'en étais dans mes rapports avec les chauves-souris.
Jamais mon intérêt et mon émerveillement ne se sont émous-
sés. Chaque été, au mois de juillet, dès que le soir tombe,
d'un cœur allègre je les accueille autour de ma maison, je les
salue, je prends leur parti contre les dénigreurs, je désamorce
tant que je peux la crainte des enfants. Se pourrait-il que

d'étranges liens se soient au cours des années formés entre elles et moi? Auraient-elles d'une manière ou d'une autre appris à me reconnaître, à me considérer comme un allié? Je me le suis demandé ces jours-ci, me ressouvenant d'une aventure troublante où le grenier, une fois encore, un autre grenier, joue un rôle important. Mais je dois vous raconter cette histoire par le commencement.

Au début de l'été dernier, pour écrire en paix, j'avais transporté mes papiers dans une humble cabane de bois, un ancien camp de chasse à peine restauré, enfoui dans la verdure, aux limites du terrain, près du fleuve. C'est là que chaque matin, pour quelques heures, beau temps mauvais temps, je m'attablais devant mes cahiers. Dans ma soif de silence, j'en étais même venu, fût-ce au plus fort de la canicule, à refermer la porte sur la musique des oiseaux qui a toujours eu le don de m'attirer au dehors. J'entendais bien parfois au-dessus de ma tête, venant de l'entre-toit, de menus couinements, des grincements mous que j'attribuais à quelque trotte-menu, accompagnant, sans le savoir, le grattement de ma plume.

Avais-je raison de trouver qu'à mesure que les jours passaient les bruits augmentaient? Ou n'était-ce que mon désir de jouir d'une paix absolue qui me les rendait si agaçants? Toujours est-il que ce jour-là — je me souviens que le temps était lourd et malade — je résolus de me rendre maître de mon petit bâtiment et de chasser ces furtifs qui grignotaient au-dessus de ma tête. Muni d'une boîte de boules à mites, je montai sur la table, ouvris la trappe du plafond et lançai dans tous les sens, à travers le sombre grenier, ces substances qui ont pour fonction d'indisposer la vermine. Je refermai et poursuivis mon travail.

Le lendemain, il faisait tempête de pluie et de vent. En pénétrant dans mon antre, je trouvai l'air humide et décidai de brûler les papiers qui s'étaient accumulés dans le poêle. Tout de suite j'entendis qu'on grattait, qu'on se secouait dans le tuyau; j'ouvris et aperçus dans les flammes une chauve-souris qui finissait de se débattre. Une fois l'émotion passée, je m'installai à mon ouvrage et me mis à la recherche de mes idées. Que se passait-il donc dans ma cabane ce matin-là qui m'empêchait d'entrer en moi-même? Quel silence tout à coup! Je me réjouis à la pensée que le raid de la veille avait produit son effet et que les visiteurs avaient déserté le grenier.

Une pénible impression pourtant s'installa en moi. Je me levai, ouvris la porte, fis le tour des environs en me disant: «Bizarre. Il me semble qu'on me surveille.» De retour à ma table, je repris ma plume, sans pouvoir me concentrer. Mon regard errait sur les murs, et plus le temps filait, plus s'aiguisait la certitude que dans la pièce quelqu'un respirait, se cachait pour m'épier. À un moment donné je portai les yeux sur un tableau et le fixai longuement. Y avait-il dans mon œil un autre degré de perception, qui me rendait à mon insu capable de voir ce qu'il y avait *derrière* le cadre? Je me le demande encore.

Sans rien brusquer, je quittai ma chaise. Et je vous jure qu'à cet instant précis — je n'avais encore posé aucun geste — j'entendis de fins cris qui circulaient un peu partout dans la pièce. Un signal était donné, une communication occulte opérait. Je décrochai le tableau: une dizaine de chauve-souris s'étaient collées sur l'envers, serrées les unes aux autres en une grappe de petits fruits sombres. Elles tentèrent de fuir, de ramper, de se faufiler en s'accrochant, puis s'envolèrent. Je courus ouvrir la porte en saisissant au passage un balai pour les pousser au dehors mais — était-ce le mauvais temps? était-ce le désarroi? — elles ne voulaient pas sortir. On comprendra que dans les circonstances une seule solution s'imposait: demeurer maître de mon domaine. J'ai dû frapper, les faire tomber, les balayer jusqu'au perron.

C'est alors que la vraie chasse a commencé. Il n'y avait pas un cadre, pas un meuble, pas un rideau, pas un vêtement qui n'abritât une ou plusieurs bêtes. Certaines s'étaient réfugiées entre les livres de la bibliothèque, d'autres s'accrochaient sous le divan, une s'était glissée dans le grille-pain, une dernière dans le tiroir du moulin à café. Et toujours c'était la même séquence: debout, immobile au milieu de la pièce, je portais soudain le regard vers un objet, un meuble, un lieu; j'entendais de faibles cris, je débusquais, je frappais en vol la bête qui, je l'avais compris, ne se résoudrait jamais à sortir.

À midi, l'opération était terminée. Régnait dans les lieux un désordre de fin de combat. Puis, en sueur, au bord des larmes, je m'effondrai. Sur la galerie, devant la porte — je les ai comptées plus tard devant témoins — reposaient en tas les corps inertes de quatre-vingt-sept chauves-souris.

«VIENS VITE VOIR,
J'MANGE MA BANANE!»

*L*a peau, dit le poète, est ce que nous avons de plus profond. Cette image, je n'hésite pas à l'appliquer à l'enveloppe extérieure des arbres, l'écorce, dont le nom vient justement d'un mot latin signifiant «peau». Comme l'épiderme du corps humain, les écorces vivent, se transforment, se renouvellent, subissent des blessures qu'elles s'empressent de cicatriser et, comme la peau, elles sont sensibles aux atteintes et aux sévices du climat.

Je me suis pris un jour à rêver devant l'écorce rugueuse d'un vieil érable. En pensée je me suis fait assez petit pour entreprendre une fabuleuse expédition dans les replis de l'enveloppe ligneuse. On a peine à imaginer quel terrain accidenté présente l'écorce d'un érable. Pendant un moment vous déambulez sur un plateau de mousses et de lichens qui forment un paysage verdoyant. Puis vous débouchez dans une vallée se rétrécissant en gorges baignées d'ombres. Au fond de ces précipices s'ouvrent des cavernes percées de galeries menant à des chambres secrètes. Vous n'en finissez pas de gravir des pentes raides pour glisser l'instant d'après au creux de gouffres périlleux. Mais rien n'est moins désert que ces pays de liège et de matières poreuses. Dans les crevasses circulent des multitudes d'insectes; au fond des trous dorment des cocons, des pupes, des œufs, des larves. Un monde secret bouge au pays de l'écorce, un monde industrieux, vorace, infatigable, qui parfois menace l'existence même de l'arbre qui les accueille. Ces populations d'animaux minuscules ont donc besoin d'être contenues; comme la peau, l'écorce doit être nettoyée pour survivre. Cette tâche, la nature l'a confiée à certains oiseaux dont la fonction est de patrouiller sans répit les écorces, de repérer, saisir et avaler les insectes cachés dans les interstices et les anfractuosités. Tout en se nourrissant, ils débarrassent les arbres des parasites et des indésirables. Voilà un travail qui rapporte aussi bien à l'ouvrier qu'au propriétaire. On devrait rêver plus souvent devant les écorces: l'exercice est fertile en découvertes et en enseignements.

Les oiseaux patrouilleurs d'écorces, je les trouve intéressants à plus d'un titre. Bien qu'ils appartiennent à des familles différentes, chacune possédant ses outils et ses techniques, tous, on ne peut s'empêcher de le remarquer, présentent des caractères communs. Déjà facilement observables du fait qu'ils travaillent en terrain découvert, ils signalent, au surplus, leur présence par des cris et des vocalisations. Et tous jouissent d'une personnalité où le calme et le sérieux sont manifestes. Ce sont des oiseaux appliqués, méthodiques. Irai-je jusqu'à dire qu'ils sont perfectionnistes? C'est en tout cas l'impression qu'ils donnent.

Tout le monde connaît les pics, que certaines personnes appellent «pics-bois» ou «pics-à-bois». Ces oiseaux sont si communs que l'on oublie parfois de s'émerveiller devant la parfaite puissance que la nature a mise dans des corps souvent menus. Si le Grand Pic, gros comme une corneille, est moins connu à cause de ses habitudes discrètes au fond des bois, le Pic mineur, le Pic chevelu, le Pic maculé et même le Pic flamboyant sont parmi les oiseaux forestiers les plus fréquemment aperçus. Chaque fois que je vois un Pic mineur venir s'agripper à l'écorce d'un arbre, je ne peux m'empêcher de penser à la place qu'il occupait dans la mythologie de certains peuples amérindiens. Cet oiseau noir et blanc, portant une tache rouge à la nuque, les Indiens le nommaient «Petit charpentier» et ils portaient au cou, en amulette, son crâne desséché dans l'espoir d'acquérir sa force.

Avez-vous bien regardé un pic travailler sur le tronc d'un arbre? L'avez-vous vu grimper, bien retenu par ses griffes et appuyé sur les plumes rigides de sa queue? L'avez-vous vu et entendu marteler le bois avec son bec? Voyons-le à l'œuvre: en se déplaçant de bas en haut sur le tronc, il frappe au hasard quelques coups pour vérifier, grâce à la résonance, l'état du bois. S'il perçoit l'existence de la moindre cavité cachée, il s'arrête et commence à forer. Comment un être si petit peut-il faire voler des copeaux et des éclisses de bonne taille, comment peut-il percer les bois les plus durs? Des muscles nombreux et perfectionnés, situés dans son cou et dans sa tête, le rendent capable de plonger dans le bois, plusieurs milliers de fois par jour, le ciseau à froid de son bec. La tête d'un pic n'est pas remarquable seulement par sa capacité à absorber les chocs, elle est un des grands raffinements de la vie animale. Pour aller avec son bec déloger les insectes dans les plis, il se servira d'une longue langue munie d'hameçons microscopiques, laquelle langue, au repos, s'enroule dans une cavité spéciale située à la base du crâne.

Je me suis toujours demandé comment un Pic chevelu, par exemple, pouvait, à la saison des amours, produire ce martellement sonore qui lui sert de chant. Les pics, on le sait, ne possèdent pas de répertoire mélodieux pour délimiter leur territoire et appeler une femelle. Ils choisissent une matière résonnante (un arbre creux, un poteau, une toiture de tôle ou même une boîte de conserve) et avec leur bec, à raison de vingt-sept coups à la seconde, ils frappent cette surface dans un rythme si rapide qu'ils produisent un roulement sourd, audible à grande distance.

Un des plus timides parmi nos pics est le Pic maculé, un ouvrier consciencieux qui s'occupe tranquillement de ses affaires tout en laissant sur son passage des traces bien visibles de ses travaux. Ce joli petit oiseau au capuchon rouge et au ventre chamois creuse, sur le tronc de certains arbres, des bouleaux par exemple, des séries de trous minuscules disposés en lignes horizontales et verticales. De ces puits s'écoule la sève attirant les insectes que l'oiseau viendra cueillir au moment opportun. Le Pic maculé est le seul à produire, au printemps, un tapement reconnais-

sable à ses fréquences discontinues, comme si le tambou-
rineur possédait quelques rudiments de morse.

Certains esprits maussades ont émis des doutes sur
l'efficacité réelle des pics comme destructeurs d'insectes nui-
sibles. Il suffit, pour leur répondre, de rappeler que le Pic
mineur à lui seul, cet infatigable qui visite quelque deux cents
arbres en trois heures, débarrasse les vergers, dans une proportion considérable, des larves du ver de la pomme. Les
mêmes sceptiques allèguent que ces oiseaux tuent les arbres
quand ils y creusent leur nid. La preuve est faite maintenant
que les pics choisissent dans la plupart des cas des arbres déjà
morts pour y établir leur gîte.

Il faut aimer les pics, mais il ne faut pas attendre d'eux
qu'ils manifestent aux humains quelque marque de familière
reconnaissance. Les oiseaux sont des animaux sauvages et il
convient de les accepter tels qu'ils sont. Il s'est pourtant
trouvé un personnage de la mythologie grecque à vouloir
forcer l'estime d'un pic. La plus belle sorcière du monde, la
redoutable Circé, s'était prise de passion pour le fils de
Saturne, un certain Pikkos. Celui-ci résista aux avances de la
magicienne. Pour le punir d'un tel affront, elle le changea en
oiseau et le condamna à errer dans l'obscurité des bois où il
continue, encore aujourd'hui, indépendant et libre, à jouer
avec l'écho.

Les patrouilleurs des écorces ne sont pas les plus excités
des oiseaux. Il y a en eux un pragmatisme, une application à

l'ouvrage qui dégagent une impression de calme. C'est en tout cas ce qu'évoque pour moi la vue d'un petit oiseau au dos gris, au long bec et portant sur la tête une jolie calotte noire: la Sittelle à poitrine blanche. Les amateurs qui nourrissent les oiseaux pendant l'hiver connaissent bien cette commensale des mésanges et des gros-becs. Vous l'avez peut-être vue saisir une graine de bonne dimension, la transporter sur le tronc ou la branche d'un arbre, la caler dans une fente et la briser d'un coup de bec. C'est ce comportement qui lui a valu son nom anglais de *Nuthatch*.

Au printemps, la Sittelle me devient plus intéressante. Quand les amours isolent les couples dans les bois, on l'entend clamer, sur le ton nasillard de la trompinette, une sorte de rire malicieux. Longtemps je me suis demandé quel oiseau de grande taille pouvait crier aussi puissamment dans les arbres et j'ai été fort surpris de voir pour la première fois que la petite trompette était jouée par un lutin à la queue tronquée et à peine plus robuste qu'un moineau.

Rien n'est plus facile que d'identifier une Sittelle: c'est le seul patrouilleur des écorces à se déplacer la tête en bas. Rapide et sûre comme une acrobate, la Sittelle se retient au tronc de l'arbre en plaçant ses pattes toujours de la même manière: une à l'avant sous la poitrine, l'autre, derrière, en angle droit avec le corps. Comme les pics, elle s'affaire à gober les bestioles tapies sous les écorces. Sa manière de travailler la tête en bas et de patrouiller de la cime vers le sol lui permet de débusquer celles qui auraient échappé à la vigilance des pics.

*   *   *

Qu'il me soit maintenant permis de vous présenter le plus négligé, le moins étudié de tous les oiseaux d'Amérique. J'ai toujours soupçonné que ce fragile oiseau au plumage brun strié de blanc, portant un long bec fin recourbé comme une aiguille chirurgicale, était, malgré le peu qu'en disent les livres, aussi intéressant que tous ses congénères. Son nom est le Grimpereau brun et il est seul à représenter sa famille dans le Nouveau Monde. Un de ses parents, le Grimpereau des arbres, est commun en Europe où parfois on le désigne sous les vocables de «gripette» ou «gripote».

Le Grimpereau brun lui aussi est patrouilleur des écorces, doué d'un style si personnel qu'on ne peut le confondre avec aucun autre. Ma première rencontre avec lui m'a convaincu que j'étais en présence d'un être bien singulier. Je pique-niquais avec des enfants au parc des Champs de bataille, à Québec. Nous vîmes soudain venir vers l'arbre qui nous donnait de l'ombre une sorte de lambeau d'écorce doué de la faculté de voler. Cette chose bizarre se posa justement sur l'écorce et entreprit de grimper en dessinant une spirale parfaite autour du tronc. Très vite, il va sans dire, nous avons reconnu un oiseau. Parvenu aux premières branches inférieures, il lança un cri fin et pointu et il se laissa tomber au pied d'un autre arbre qu'il escalada de la même manière. J'avais remarqué que l'oiseau fouillait l'écorce de son bec effilé; jamais, cependant, il ne s'arrêtait pour la scruter en profondeur comme le font les pics. Le Grimpereau donne tout de suite l'image d'un être pressé comme s'il avait reçu le mandat de visiter une certaine quantité d'arbres dans une journée et que le temps allait lui manquer pour remplir sa tâche.

En réalité, sa tâche est simple: poursuivre les êtres minuscules qui se tapissent dans les fentes. Avec son bec si aiguisé qu'il est capable, dit-on, de démêler fil à fil un cocon de mite, il pince les bestioles qu'il détecte au passage. L'extrême minutie qu'il met dans son travail le rapproche de ces spécialistes qui œuvrent avec un instrument raffiné sur une matière non moins délicate.

Ce qui m'avait frappé également chez le Grimpereau, lors de ma première rencontre avec lui, c'était cette absence de toute crainte affichée à l'endroit des humains. Est-elle une conséquence du camouflage qui le fait se confondre avec les écorces? Est-elle due aux habitudes secrètes d'une créature qui fréquente le plus souvent les forêts tranquilles? Une chose est certaine: le Grimpereau, sans aucune manifestation de familiarité, est spontanément disposé à nous faire confiance. Je me suis à ce propos laissé raconter une anecdote dont un naturaliste américain avait été l'acteur involontaire. Cet homme était dans son jardin à observer un groupe d'oiseaux réunis autour d'une mangeoire. C'était l'hiver. Il aperçut un Grimpereau en train de gravir le tronc d'un chêne à quelques pas de lui. Parvenu au terme de sa course, l'oiseau lança son petit cri et se laissa choir aux pieds de l'observateur. Tout de suite il entreprit d'escalader la jambe de son pantalon qui était d'une couleur proche de son terrain coutumier. Arrivé à la hauteur de la ceinture, le Grimpereau se rendit compte de sa méprise et, sans le moindre signe de panique, il poussa le cri rituel et recommença le même manège sur le tronc d'un arbre voisin.

La vie intime du Grimpereau a toujours été entourée de secrets. Les anciens amateurs le voyaient bien accompagner parfois mésanges et sittelles dans leur ronde alimentaire; on le voyait, l'été, explorer les arbres jusque dans les parcs urbains. Mais où niche-t-il? se demandait-on, où place-t-il son nid? Ce n'est qu'au début du siècle que l'énigme fut déchiffrée. Au cœur des forêts les plus denses, ce petit oiseau marque son affinité naturelle avec les écorces jusqu'à faire ses œufs sous un lambeau à demi détaché du tronc des arbres secs. Les conifères tout particulièrement lui fournissent le gîte idéal. Dans cette cachette, située le plus souvent «à hauteur de poitrine d'homme», il bâtit un nid fait de brindilles, de mousses, de lichens assemblés avec des fils d'araignée. C'est là qu'il élèvera ses oisillons qui, très tôt, sont capables de quitter leur toit et de circuler à l'aise sur le tronc de l'arbre natal. Au moindre signe de danger, les gnomes emplumés, tout comme leurs parents d'ailleurs, figent sur place, collés contre le bois, camouflés, invisibles.

La neige recouvre encore le sol des forêts quand au printemps les Grimpereaux s'accouplent. À ce moment-là ils font entendre un chant très doux, aux fréquences élevées, un des joyaux, si l'on peut dire, de la musique des bois. Jamais je n'ai entendu ce chant dans la nature, mais j'ai bien failli avoir ce bonheur, il y a quelques années quand, vers la mi-avril, un ami me téléphona pour m'apprendre qu'il avait entendu dans la vaste érablière qui s'étend au pied du cap Tourmente, un chant très bizarre. D'après lui, l'oiseau disait: «Viens vite voir, j'mange ma banane!» Comme il avait vu le Grimpereau quelques secondes plus tard, l'identité du chanteur ne faisait pour lui aucun doute. Le lendemain, j'étais sur les lieux, mais l'oiseau resta muet. Tourmenté par la curiosité, je me décidai à faire appel au docteur Gunn, autorité mondiale dans l'enregistrement des répertoires animaux. Quelques jours plus tard, je recevais la bande sonore tant souhaitée.

À la première audition, le chant, quoique agréable, ne combla nullement mes attentes. Sa minceur, me dis-je finalement, ne serait-elle pas due au fait que notre pauvre oreille humaine est sourde aux fréquences sonores élevées? Je diminuai de moitié la vitesse de l'appareil: le chant s'embellit. Ce n'est qu'en faisant jouer la bande au quart de vitesse que soudain l'extrême richesse harmonique se révéla. Je découvris alors un chant aussi complexe, aussi raffiné sur le plan des tonalités que celui si émouvant de la grive solitaire. Et j'arrivai à cette conclusion qu'une oreille de Grimpereau pouvait très bien entendre de cette manière détaillée et amplifiée le chant caractéristique de son espèce.

C'est ainsi que les êtres menus qui nous entourent contiennent des réserves d'énigmes. Pareillement l'écorce de l'arbre le plus humble est un univers où grouillent des multitudes. Nous qui vivons sur une écorce (ne dit on pas l'écorce terrestre?), nous devrions être les premie ᵔ à le savoir.

LES MYSTÈRES DE
L'HORLOGE VOLANTE

*L*aissez-moi une fois encore vous conduire au bord de la batture, ce vaste marécage strié de rigoles, recouvert deux fois par jour par la marée et qui s'étend en face de chez moi, au bord du fleuve. Vivrais-je cent ans que je n'arriverais sans doute pas à mettre des mots sur tout ce qui, en ce lieu, depuis le temps que je le fréquente, s'est offert à mes sens. Chaque mois, chaque saison ramènent une profusion de plantes et d'animaux, mais il n'y a pas une année où les jeux du hasard ne créent des situations nouvelles, redonnant sans cesse des couleurs inédites à mon enchantement. Il en va ainsi d'un groupe d'oiseaux familiers des rivages d'eau douce et d'eau salée, fascinants à tous points de vue.

C'est au bord de la mer, en été, que vous avez dû les apercevoir pour la première fois. Vous avez remarqué leurs longues pattes fines, leur élégance de race et surtout leur manière amusante de courir devant les vagues et de revenir, au reflux, sur leurs pas pour plonger à petits coups leur bec effilé dans le sable humide. Vous les avez vus, à votre approche, se réunir subitement en un vol serré, rapide, remarquable par la synchronie des mouvements. Ces oiseaux, certains les appellent encore «alouettes de mer»; d'autres, plus au fait du vocabulaire savant, les nomment «limicoles». Ce sont en réalité des bécasseaux, qui font partie, avec d'autres familles, du groupe des oiseaux de rivages, présents dans tous les lieux du monde où il y a de l'eau. Leur nombre est tel qu'en Amérique du Nord seulement on en dénombre quatre-vingts espèces différentes.

Les plus connus paradoxalement sont les pluviers, à cause du Pluvier kildir, ce jeteur de hauts cris, le seul de son groupe à s'être éloigné des bords de mer pour s'adapter aux terrains secs. Mais si vous avez la moindre expérience des cours d'eau, des lacs, des étangs, des grèves et des plages, vous ne pouvez pas ne pas connaître l'agitée de la famille, la

Maubèche branlequeue. Son nom, je le sais, prête à sourire; l'oiseau lui-même ne laisse pas indifférent. J'ai fait sa connaissance un matin de mai, il y a une douzaine d'années. Je longeais l'étang qui se trouve derrière le chalet quand j'aperçus sur une grosse roche, au bord, parmi les joncs, un oiseau de la grosseur d'un merle, mais pourvu d'une queue tronquée. Il y avait en lui une grâce fragile, soulignée par ses longues pattes, l'épine jaune de son bec et les taches brunes bien visibles sur sa poitrine blanche: un métissage de Grive des bois et de Petit Échassier. Me surprirent dès l'abord les mouvements saccadés de son corps que j'associai à une expression de nervosité. Sans cesse il hochait, sur l'axe des pattes, tout le corps vers l'avant comme s'il saluait avec obsession quelque compagnon invisible. Je l'observai quelques minutes en me demandant quels pouvaient bien être le sens et la fonction de ce hochement perpétuel. Je cherche encore. Les savants eux-mêmes considèrent que ce comportement relève du mystère. Chez les oiseaux de rivages, on le verra, nombreuses sont les énigmes.

Finalement la Maubèche s'envola. Quel envol bizarre! On aurait dit qu'elle ne se déplaçait que par un frétillement du bout des ailes tenues arquées bien en-dessous de l'axe du corps. Je remarquai aussi son cri singulier, constitué d'une série de *huit-huit-huit* que l'oiseau lançait en fuyant.

Un peu plus tard, au cours de l'été, je lisais dans un hamac tendu entre deux arbres, au bord de la batture, lorsque

j'entendis, venant du rivage herbeux, la Maubèche siffler avec insistance. Jamais je ne l'avais entendue chanter aussi longuement. Parfois même les sifflements se terminaient par une sorte de trille aigu et frémissant. Le concert dura quelques minutes. Dans le silence qui suivit, je perçus soudain une présence à mes côtés. En levant les yeux, je la vis, elle, la Maubèche, posée sur l'accoudoir d'une chaise, si près de moi que j'aurais pu la saisir. Elle resta là un moment à saluer, puis reprit son envol vers la batture. J'observai alors qu'un autre oiseau semblable s'était lancé à sa poursuite, en sifflant, au-dessus des herbes. Cette chasse aérienne faisait-elle partie du rituel des amours? Pouvais-je espérer voir un couple nicher dans les parages? Je ne savais rien de la reproduction de la Maubèche sinon qu'elle est d'une étonnante brièveté: après quinze jours d'incubation, des œufs gris marbrés de brun surgissent des oisillons qui, en moins d'une heure, sont capables de courir derrière leurs parents. Un mois plus tard, déjà aptes au vol, ils se préparent au grand voyage d'automne qui les mènera jusqu'en Amérique du Sud.

Cette disposition aux longues randonnées est un caractère commun à tous les oiseaux de rivages. Presque tous les bécasseaux, les pluviers, les courlis, les barges, les chevaliers vont nicher dans la toundra arctique après avoir hiverné en Amérique du Sud. Certains, comme la Barge hudsonienne, exécuteront, sans escale, une migration de cinq mille kilomètres qui les mèneront de la Terre de Feu jusqu'à la baie de l'Ungava. C'est parmi ces oiseaux que l'on retrouve les plus grands migrateurs du monde: le Bécasseau à poitrine cendrée, pour ne nommer que celui-là, quitte la Sibérie à la fin de l'été, traverse le détroit de Béring, survole le centre du Canada et des États-Unis, passe par l'Amérique centrale, longe les côtes de l'Amérique du Sud et file jusqu'à l'Antarctique.

Leur ténacité émeut, leur rapidité émerveille, mais ce qui étonne le plus chez les oiseaux de rivages, c'est leur ponctualité. On se demande quel mystérieux appareil, à la fois horloge et boussole, se loge dans leur cerveau minuscule. Le jour même où le dégel s'amorce dans la toundra, les alouettes de mer arrivent. Comment savent-elles qu'elles ne disposeront que de six semaines pour mener à terme toute l'aventure de la reproduction: choix du territoire et du partenaire, pariade, incubation, élevage des oisillons?

Un de mes amis, cinéaste, se trouvait dans l'Arctique, au mois de juin, le jour même où les oiseaux de rivages, par millions, touchaient terre. Il m'a raconté l'incroyable spectacle fait de cris, de sifflements, de vols, de poursuites qui accompagne leurs retrouvailles avec le sol natal. Après un si long voyage, qui épuise toutes les réserves du corps, il faut se restaurer. C'est donc sur les grèves à peine libérées des glaces que la multitude, toutes espèces mélangées, s'assemble, attendant que la marée baissante dégage leur nourriture préférée: crustacés, larves, limaces et petits mollusques.

De tous les oiseaux de rivages à venir nicher dans la

toundra, le plus spectaculaire est sans doute le Courlis corlieu, un échassier déployant dans l'espace une envergure de
deux pieds et reconnaissable à son long bec mince, recourbé
vers le bas. Ce nom de «corlieu» lui vient de l'imitation de
son cri, une succession, en deux syllabes répétées sans fin, de
sifflements graves, étonnamment puissants. L'émouvante
beauté des courlis ne les a pas empêchés de subir un véritable
massacre avant que la loi de 1927 protégeant les oiseaux de
grèves ne vienne limiter les dégâts. Ce qui les rend si vulné-
rables, c'est leur instinct d'entraide mutuelle qui les fait voler
au secours de tout membre de la troupe victime d'un accident. Le nombre de ces magnifiques oiseaux a beaucoup
diminué dans le monde, bien que leur résistance soit proverbiale. N'est-ce pas parmi eux que l'on a enregistré des
records de longévité? Un Courlis cendré, bagué en Finlande,
en 1926, alors qu'il n'était que poussin, fut abattu à Norfolk
(Angleterre) en 1958, dans sa trente-deuxième année.

* * *

Exacts comme des montres, les oiseaux des grèves sont également précis comme des aiguilles. Leur bec en alène, long et
arqué vers le bas chez certaines espèces, recourbé vers le haut
chez d'autres, ou simplement droit chez la plupart, n'est pas
une fantaisie de la nature. Cet instrument délicat leur permet
de pénétrer dans la vase ou le sable pour aller saisir les petits

animaux qui y vivent enfouis. Le plus remarquable est que l'oiseau ne voit pas où son bec travaille. N'y aurait-il pas, au bout de l'une ou l'autre mandibule, comme un troisième œil habile à repérer les proies avec une justesse de radar? Cet organe magique existe en effet sous la forme d'une membrane extrêmement sensible logée au bout du bec. Le courlis par exemple détecte la présence d'un animal sous des couches de sable qu'il est le seul de son groupe à pouvoir atteindre. Les bécasseaux sondent à de moindres profondeurs, mais tout aussi subtile est la sensibilité de leur bec. Prenons le cas du Bécasseau roux qui vient pendant quelques jours dans la batture à la fin de l'été. Je le reconnais tout de suite parmi les autres espèces à sa manière de pioncer sans répit la vase dans un mouvement qui rappelle le mécanisme d'une machine à coudre. La précision de ses coups de bec est telle que l'analyse de son gésier révélerait moins de cinq pour cent de matières non comestibles.

Mais les oiseaux de rivages n'ont pas tous les mêmes habitudes alimentaires. Les seuls à rompre avec la règle du pioncement de la vase sont les phalaropes, un groupe si curieux dont je me dois, sous peine de remords, de vous parler, même brièvement. Avec leur bec en aiguille, leur élégance tranquille, leur plumage où s'harmonisent le blanc, le gris et le roux, les phalaropes sont superbes. Je me souviens d'avoir aperçu, dans les îles de Sorel, au printemps, il y a quelques années, une troupe de Phalaropes hyperboréens qui m'avaient fait grande impression. Une de leurs singularités réside dans le renversement presque complet des rôles sexuels: ce sont les mâles qui couvent les œufs et qui élèvent les jeunes. Comme pour se démarquer de la plupart des oiseaux, les femelles au printemps portent les couleurs nuptiales et poursuivent l'autre sexe. Poussant à sa limite une distinction déjà bien affichée, les phalaropes ont mis au point des pratiques de chasse bien bizarres. Très à l'aise, grâce à leurs pieds semi-palmés, sur l'eau où ils flottent comme du liège, ils commencent subitement à tourner en toupie sur eux-mêmes. Ce manège a pour effet, on le suppose, de faire monter à la surface les organismes marins qu'ils saisissent aussitôt de leur long bec tactile.

Laissons les phalaropes à leur comportement excentrique et revenons à notre batture de l'île d'Orléans. C'est là que, depuis des années, au mois de mai, je vois revenir du sud un oiseau étrangement beau, d'une grâce pleine de noblesse et de sérénité: le Chevalier solitaire. À peine plus gros que la Maubèche, à laquelle d'ailleurs il est de très près apparenté, il s'en distingue par ses pattes plus sombres, par l'absence de taches sur sa poitrine blanche et surtout par son allure plus posée. Toujours seul, comme l'indique son nom, il passe dans la batture, juste devant ma fenêtre, et se déplace, en marchant, avec une lenteur, une précision, une légèreté qui me séduisent à chaque fois. Il arrive en même temps que le Petit Chevalier à pattes jaunes, un autre membre de ce groupe, lui aussi remarquable par la finesse de son profil et la souplesse de sa démarche. Ne nous laissons surtout pas impressionner par son apparente fragilité: on ne peut imaginer, comme nous le verrons tout à l'heure, la puissance contenue dans ce corps frêle.

Le Chevalier solitaire, à lui seul, illustre le mystère qui a longtemps entouré la vie des oiseaux de rivages. Pendant des siècles, les naturalistes ont vainement cherché un nid de chevalier. Il fallut attendre le début de ce siècle pour découvrir la première ponte authentique: elle se trouvait dans le nid d'un merle, lequel logeait dans un arbre. Ce limicole est donc le seul de son groupe à nicher dans un arbre et toujours dans les nids abandonnés par les autres oiseaux. Mais ce petit mystère n'est rien comparé à ce qui va suivre.

S'il y a des migrateurs hâtifs, ce sont bien les oiseaux de rivages. Dès la fin de l'été arctique, au début du mois d'août, il surviennent en groupes plus ou moins nombreux sur les plages, les grèves et les rives des cours d'eau. Certaines espèces effectuent le voyage en survolant l'océan et ne s'arrêteront qu'une fois atteinte l'Amérique du Sud. La plupart cependant font escale au bord de l'eau pour se nourrir. Ce sont eux, ces petits oiseaux gris et blancs, graciles et gracieux, que vous observez sur les plages, le jour comme la nuit, à la fin de l'été. On ne soupçonne pas, à les voir, la puissance et la résistance logées dans des êtres si menus. La plupart d'entre eux atteindront, en vol soutenu, des vitesses de quatre-vingts kilomètres à l'heure, leur permettant de couvrir, en une seule journée, des distances considérables. Un Petit Chevalier à pattes jaunes, bagué au cap Cod, fut retrouvé six jours plus tard à la Martinique. Il avait parcouru, en moyenne, plus de cinq cents kilomètres par jour.

On se demande encore comment un oiseau de la taille du pluvier peut voler du pôle Nord à la Terre de Feu. Combien de fois se pose-t-il pour se nourrir? Trouve-t-il nécessairement la nourriture qui lui convient sur les territoires qu'il survole pendant son voyage? On a cru, un jour, trouver un élément de réponse: un pluvier fut découvert qui portait dans son plumage des petits crustacés constituant sa nourriture d'élection. Les avait-il enfouis lui-même dans ce garde-manger portatif? Cette découverte ne relève-t-elle pas d'un simple hasard? L'énigme reste entière.

Au début du mois d'août, donc, je chausse mes bottes et m'aventure dans le marécage jusqu'à la ligne de marée basse. À cet endroit, la grève est vaseuse; de petites pistes en forme d'étoiles me révèlent tout de suite la présence des bécasseaux. Soudain, un peu plus loin, sur les bords d'une rigole, j'en aperçois un petit groupe qui picore dans la vase, puis deux ou trois, puis un seul à l'écart de la bande. Chacun travaille pour lui-même, chacun est concentré sur son ouvrage. Je vous mentirais en vous disant que je peux savoir en ce moment à quelles espèces j'ai affaire. Reconnaître un bécasseau dans ses plumes d'automne est le défi et la damnation de l'ornithologue. Tous ont un plumage grisâtre sur le dos et pâle sur la poitrine; toutes les espèces se fondent dans un grand tout.

Mais voici qu'un des oiseaux a jugé que j'étais trop proche. Un signal d'alerte inaudible circule parmi la bande. En une fraction de seconde, une émotion commune se propage et voilà que, sous l'apparence d'une constellation, un vol se forme. Cette constellation passe devant moi, amorce un virage, repasse l'instant d'après avec une rapidité d'aurore boréale. Le plus merveilleux dans cette mouvance aérienne, c'est son brusque changement de couleurs. Un instant elle est grise, l'instant d'après elle vibre de lumière. Et cela s'explique par le synchronisme parfait de la volée, chaque oiseau exécutant les mêmes battements d'ailes que son voisin, chacun amorçant en même temps que les autres le même virage, le même vol plané, le même rebondissement dans l'air. Le plus étonnant n'est-il pas que la constellation ne semble pas avoir de chef ou d'oiseau-pilote? Communiquent-ils les uns avec les autres pendant qu'ils volent ainsi? Je le crois, car ces vols communs s'accompagnent de cris fins, une sorte de grésillement particulier aux bécasseaux.

Souventes fois, dans la batture de l'île ou au bord de la mer, je me suis amusé à faire lever des bécasseaux pour le simple plaisir de les voir, prompts comme l'éclair, former dans les airs leur éblouissant vol unifié. Je me suis toujours demandé ce qui se passait dans ces cerveaux délicats. À quels signaux obéissent-ils? Quelle communication traverse au même moment la volée pour que chacun obéisse au même ordre que son voisin, pour qu'il exécute les mêmes mouvements dans le même instant? Les plongeurs connaissent ces bancs de poissons qui effectuent en masse de soudains changements de direction.

La même question s'applique à ce phénomène aquatique: comment ces êtres en mouvement peuvent-ils *sans se toucher* évoluer comme s'ils ne formaient qu'un seul grand corps? Voilà qui demeure pour moi une énigme et, à cause de cette énigme, j'éprouve toujours l'excitation du novice à voir évoluer les oiseaux de rivages. En eux j'admire une force qui épouse la finesse, une résistance unie à la grâce.

En eux je salue des passionnés de lumière: ne passent-ils pas la plus grande part de leur vie sous le soleil de vingt-quatre heures, en été dans l'Arctique, en hiver aux confins de l'autre pôle?

«BOIRE ET CHANTER, DIT-ELLE»

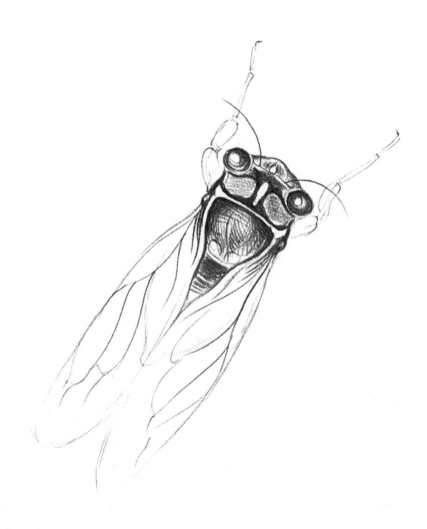

*I*maginez que c'est l'été. Ce matin-là, jour de congé, vous avez décidé de rester au lit, mais, vers huit heures, alors que le soleil transperce les rideaux, une clameur inquiétante vous fait ouvrir les yeux. Dans le demi-sommeil, vous avez pensé au sifflet persistant d'une locomotive, mais le bruit, en s'intensifiant, évoque plutôt le grincement d'une meule, à moins que ce ne soit le crissement appuyé d'une scie déchirant du fer. Vous vous levez, vous sortez. Le vacarme est tel que vous portez d'instinct les mains à vos oreilles. Ce qui vous glace le cœur, c'est le spectacle délirant qui s'offre à vous. Dans la cour, dans la rue, de gros insectes brunâtres, créatures d'un autre âge ou d'un monde inconnu, s'arrachent du sol par milliers et grimpent lentement le long des herbes, des poteaux, des arbres, des murs. Puis vous observez que des mouches énormes volent avec lourdeur pour aller se poser dans les feuillages. La clameur sifflante est devenue telle que vous sentez l'affolement vous envahir: vous décidez d'appeler la police. À l'autre bout du fil, on vous dit qu'il s'agit d'une «émergence». Une émergence de quoi?

J'arrête ici l'évocation de ce cauchemar en vous disant que l'aventure que vous venez de vivre est en tous points semblable à celle que des millions d'Américains ont connue périodiquement dans les États de l'Est. Il s'agit d'un phénomène biologique inusité auquel vous risquez d'assister un jour si vous vous trouvez, par exemple, à la fin de juin, dans les vastes bleuetières du Lac-Saint-Jean, au Québec. C'est en tout cas ce que m'a raconté un biologiste du Centre de recherches forestières des Laurentides qui travaillait dans ces parages le 24 juin 1963. Vers les huit heures du matin, il se préparait à faire des expertises sur les plants de bleuets quand une stridence l'enveloppa. Il remarqua aussitôt que de gros insectes étranges s'échappaient du sol pour aller s'agripper à toutes les tiges ayant le diamètre d'un crayon ou d'une paille à boire. Au bout d'un moment, les bestioles se fendaient sur toute la longueur du dos et donnaient naissance à un autre insecte, de la longueur d'une cigarette, qui déployait des ailes de bonne taille, luisant au soleil.

Cette grosse mouche voyait sa couleur passer peu à peu du vert au brun et s'envolait en sifflant. Surgirent bientôt du sol sablonneux des millions d'insectes qui allèrent se fixer aux tiges des «kalmias» et des bleuets, aux troncs des pins et des Peupliers faux-tremble.

Les insectes volants, qui émergeaient pour ainsi dire de leur propre carapace, se rassemblèrent bientôt en un noir nuage qui se déplaçait en jetant une ombre immense sur la savane. L'air résonnait d'un si grand vacarme que le biologiste, ne pouvant plus le supporter, courut se réfugier dans sa voiture, dont il remonta toutes les glaces. Prisonnier de cette cabine surchauffée, cet homme n'en connaît pas moins un des moments les plus exaltants de sa carrière: il assiste, émerveillé, presque incrédule, à l'émergence de la Cigale périodique, autrement nommée «cigale de dix-sept ans».

Cette grosse cigale habite tout l'Est de l'Amérique du Nord, du Mexique au nord du Saint-Laurent; on sait maintenant qu'un certain nombre de populations localisées se manifestent ainsi certaines années. Dans la région du cap Cod, au Massachusetts, les cigales ont émergé en 1945, en 1962 et en 1979. Dans les bleuetières du Lac-Saint-Jean, au Québec, le phénomène s'est produit en 1963 et en 1980. Bien peu de personnes en furent témoins, ces régions étant peu fréquentées en dehors de la saison de la cueillette. Mais notre biologiste était présent en 1963 et il eut la chance de suivre au jour le jour le déroulement de la fête. Il nota que la rumeur persista jusqu'au soir pour mourir peu à peu. Le lendemain, les cigales s'étaient quelque peu dispersées; il en naissait toujours des nouvelles par milliers, mais le bruit était devenu plus supportable. Une estimation rapide lui fit évaluer leur nombre à plus d'un million à l'acre, sur une superficie de mille kilomètres carrés.

En circulant sur le territoire, il put observer la manière dont les insectes s'exhumaient. Ils surgissaient d'un tunnel de la grosseur du pouce, lequel tunnel — il le sut plus tard — plongeait à une profondeur de cinq mètres dans le sol sablonneux. Ce qui sortait de cette galerie obscure était une bizarre petite bête, grosse comme une datte, armée, à l'avant du corps, de deux bras en forme de pelles. Son allure était celle d'un être venu d'une planète lointaine. Ce char d'assaut miniature se mettait aussitôt en quête d'une tige qu'il enserrait dans ses pattes. Ainsi arrimé, il attendait. Comme s'il assistait à un film de science-fiction, le naturaliste fut témoin, une demi-heure plus tard, d'un phénomène peu commun. La carapace de la bestiole se déchira d'avant en arrière pour laisser poindre une tête massive porteuse d'une paire d'yeux ovales. Puis apparut un corps qui lentement déplia deux paires d'ailes transparentes dont les plus longues, excédant l'abdomen, se placèrent en pignon sur le dos. Quelques minutes plus tard, le nouvel insecte passa au brun, ses yeux se muèrent en rubis et, toujours fixé à son appui, il se mit à striduler.

Une «cigale de dix-sept ans» était née!

* * *

Si le chant de la cigale, partout où il peut s'entendre, évoque la canicule, c'est que l'insecte ne commence sa vie d'adulte que lorsqu'il fait chaud. Dans l'obscurité du sol, à quelques centimètres seulement de la surface, la nymphe vient régulièrement vérifier la température extérieure, elle attend que soient réunies les conditions parfaites de chaleur et d'ensoleillement pour percer la fine couche de terre et paraître enfin au grand jour.

Les Provençaux, qui ont fait de la cigale un emblème et quasiment un symbole, possèdent en leur langue plusieurs expressions et proverbes qui illustrent les rapports intimes que la cigale entretient avec la chaleur. Ne dit-on pas chez eux qu'il fait une chaleur de cigale? Et que *Fay pas boun travaya quand la cigalo canto*?

Vivait dans le midi de la France, il y a un siècle, le grand Trousseau, guérisseur dont la renommée s'étendait sur plusieurs communes. Quand on venait le consulter pour des engelures, il donnait l'ordonnance suivante: «Il faut leur faire chanter des cigales dessus» ou bien: «Les engelures passeront avec de la pommade de cigale.» Ce qui voulait dire, on s'en doutait, que ces maux disparaissent d'eux-mêmes avec les chaleurs de l'été.

Toujours en Provence, le mot cigale s'emploie dans bien des vocabulaires. Veux-on signaler qu'une personne boit avec excès? On n'a qu'à dire qu'elle «cigale». *Etre a lo cigalo*, c'est être dans une ivresse que l'on atteint souvent en levant l'ultime *cigaon*, le verre de vin.

Mais, au fait, la cigale boit-elle? Vous surprendrai-je beaucoup si je vous dis qu'elle occupe les cinq semaines de son existence à deux occupations principales: chanter et boire! Est-ce à dire que la fable de La Fontaine nous aurait, depuis trois siècles, bercés dans l'erreur? Absolument! Non seulement la cigale n'a pas besoin de nourriture en hiver, puisqu'elle n'est plus là, mais elle ne saurait que faire des grains de blé, des mouches et des vermisseaux qu'elle va qué-mander, selon l'histoire, à la fourmi pourvoyeuse. Pour la simple raison qu'une cigale ne mange pas; elle pompe!

Regardons-la travailler sur l'écorce d'un arbre. C'est toujours en pleine lumière qu'elle se trouve, se déplaçant avec le mouvement du soleil. Sur l'écorce chaude, quand elle a trouvé la zone de tendreté voulue, elle utilise la longue aiguille qui lui sert de bec pour percer en profondeur le tissu grâce à un appareil délicat qui fonctionne comme deux scies parallèles. Quand le rostre a foré jusqu'à la sève, la cigale boit. Et elle boit si goulûment que le liquide, exsudant autour de la plaie, a tôt fait d'attirer les inévitables parasites. Voilà qu'une petite noiraude à la taille fine accourt, qu'elle se faufile entre les pattes de la cigale pour mendier un peu de nectar. On a même vu de ces demoiselles surexcitées pousser la désinvolture jusqu'à saisir le rostre perceur et tenter de l'arracher! Quelle est donc cette voleuse? La fourmi, voyons! Les acteurs de la fable ont, dans la réalité, interverti leurs rôles.

Une cigale qui boit, on le croirait, est au faîte du contentement: à ce plaisir, elle ajoute celui de chanter. Serait-elle silencieuse que l'on ignorerait jusqu'à son existence. Car, si plusieurs ont entendu craqueter la cigale, qui peut se vanter de l'avoir vue? Avec un minimum d'attention, avec un peu d'oreille, on arrive à localiser la provenance du chant; il n'est pas du tout assuré qu'on apercevra l'artiste. Dès qu'on s'approche de l'arbre où elle est fixée, elle cesse subitement de chanter et sans brusquerie va se placer sur la face qui vous est invisible. Vous vous éloignez, elle recommence son récital. Sans répit, de la matinée au crépuscule, pendant les journées chaudes, la cigale siffle le chant le plus sonore de tous ceux que les insectes produisent. Écoutez le timbre s'enfler en crescendo, écoutez-le devenir de plus en plus strident, atteindre une tonalité quasi mugissante pour brusquement s'affaiblir, devenir plaintif, s'évanouir.

* * *

Toutes les cigales ne chantent pas avec la même couleur ni avec la même force. L'espèce dont j'ai décrit le chant est une des nombreuses espèces de cigales annuelles qu'on entend, au Québec, un peu partout, même dans les villes, pendant les vagues de chaleur. La «cigale de dix-sept ans», quant à elle, peut chanter sans faiblir pendant deux minutes et demie. La Cigale cancan de la Méditerranée — sait-on que le midi de la France, pourtant considéré comme le paradis des cigales, ne connaît que cinq espèces alors que l'Amérique du Nord reçoit soixante-quinze espèces d'une famille qui en comprend mille cinq cents? —, la Cigale cancan, dis-je, rappelle plutôt les cisaillements insistants des sauterelles, alors que les fameuses «cigales de l'huile» du Japon, qui chantent à l'unisson par milliers dans les arbres des parcs, étouffant sous un vacarme d'enfer le bruit pourtant étourdissant de la circulation urbaine, ont vu leurs crissements comparés au sifflement de la graisse dans une poêle brûlante!

La première question qui saisit l'esprit de l'auditeur de cigale est la suivante: comment un insecte peut-il faire naître un bruit aussi considérable? C'est dans l'appareil unique occupant le corps de l'insecte que réside le secret: il y a là un des mécanismes producteurs de sons les plus complexes de tout le règne animal. Le naturaliste, considérant sous la loupe l'abdomen d'un mâle (seuls les mâles chantent), apercevra une paire de volets brillants en forme d'oreilles. Ces volets s'ouvrent pour laisser voir deux cavités que Jean-Henri Fabre nomme les *chapelles,* qui forment, à elles deux, *l'église.* Au fond de chacun de ces espaces bouge une membrane élastique — tambourin ou cymbale — reliée à un muscle tendeur. La contraction et la détente de ce muscle font vibrer la membrane, comme il arrive dans les enceintes acoustiques des chaînes stéréo. Ces vibrations sont acheminées dans une chambre d'air à l'intérieur du mâle qui sert à loger l'instrument de musique: il est, cet instrument, à la fois l'orgue, l'organiste et la cathédrale!

Le chant qui naît de cette merveille a-t-il une fonction précise dans la vie de l'insecte? On a toujours cru, on a longtemps dit qu'il était un appel amoureux destiné à la femelle. Fabre, le premier, mit en doute cette assertion le jour où il découvrit, après des années d'observation, que la cigale femelle était tout simplement sourde! Pourquoi aurait-elle besoin d'écouter ces longues phrases monocordes puisque mâles et femelles se côtoient à chaque instant, dès le premier jour de leur existence aérienne, sur le même tronc d'arbre? Ces insectes, du reste, ont une excellente vision, qui est assurée par deux gros yeux étincelants et trois autres qui ressemblent à de minuscules pierres précieuses serties sur le sommet du crâne. L'entomologiste provençal ira même jusqu'à écrire: «Est-ce que l'insecte a besoin de ces effusions retentissantes, de ces aveux loquaces pour déclarer sa flamme? Je ne vois dans ces manifestations que des moyens propres à témoigner la joie de vivre, l'universelle joie que chaque espèce animale célèbre à sa manière. Si l'on m'affirmait que les cigales mettent en branle leur bruyant appareil sans nul souci de son produit, pour le seul plaisir de se sentir vivre, de même que nous nous frottons les mains en un moment de satisfaction, je ne serais pas autrement scandalisé.»

Je crois pour ma part que le chant de la cigale traduit une tension, une effervescence organique liée d'une manière ou d'une autre — et qui échappera toujours à nos perceptions — à l'instinct de reproduction.

Quoi qu'il en soit, mâles et femelles, un beau jour, en plein soleil, s'unissent. Dans l'instant qui précède la fusion, le chant atteint une vigueur nouvelle; dans la minute qui suit, il décroît jusqu'au silence. Commence alors pour la femelle une tâche strictement ouvrière: à la base de son gros abdomen, pareil à un entonnoir plissé, pointe une scie aiguë dont la fonction est de pratiquer dans la tendre écorce des rameaux et des tiges une entaille où la cigale pondra. Au terme de dix-huit jours d'incubation, les œufs donneront naissance à des larves microscopiques douées de la faculté de sécréter un fil qui leur permet d'atteindre le sol. Sur la terre ferme, ces êtres disgracieux choisissent l'endroit propice où ils creuseront pour s'enfouir. C'est sous terre, dans la non-lumière, dans ces strates de mort où pullulent des bêtes sans yeux, qu'ils passeront la quasi-totalité de leur existence.

Certaines espèces, comme nos Cigales annuelles (les plus communes, les mieux connues) verront leurs larves s'inhumer pour deux, trois, quatre ans. La larve de la «cigale de dix-sept ans», elle, son nom l'indique, passera presque vingt ans dans son tunnel. Aucun autre insecte, parmi le million d'espèces qui peuplent notre planète, n'atteint un âge aussi long.

L'hiver, elle s'immobilise dans la chambrette aménagée au fond de son tube, mais, les doux temps venus, elle monte s'abreuver aux racines et aux radicelles des plantes. Passeront dix-sept printemps avant qu'émerge de son gîte souterrain un être étrange, accomplissant, pour boire et chanter, sa métamorphose au soleil.

BON GÉNIE À LA ROBE DE PAPIER

*I*l y a une dizaine d'années, j'ai fait la connaissance d'une jeune fille d'un genre bien particulier. Parmi les arbustes qui séparent le chalet de la grève, elle se tenait toute droite dans sa robe miel foncé et offrait au vent d'est sa chevelure légère. Depuis, elle a beaucoup grandi. Elle porte maintenant une tunique blanche et sa chevelure, plus nourrie, a la même fluidité quand le vent la traverse. Dorée en automne, elle donne, au mois de mai, un des verts les plus tendres qu'un feuillage puisse offrir. Vous avez compris que cette personne est un arbre. La métaphore peut paraître d'une poésie douteuse quand on ignore que cet arbre, dans les pays d'Europe de l'Est et d'Asie centrale, symbolise à la fois le printemps et la jeune fille. Il existe en Russie un célèbre ensemble de chanteurs et de danseurs composé uniquement de jeunes filles et dont le nom, *Beriozka,* signifie: «petit bouleau».

Je ne suis pas le seul à penser que toute forêt pousse au masculin et au féminin. Samivel dit quelque part que le bouleau ajoute à la futaie une lumière et une grâce féminines, une sorte de nudité fragile. Et Rina Lasnier, chantant un massif de bouleaux, écrit:

> *Vierges des forêts, colloques de jeunes filles*
> *[...]*
> *Moniales blanches, robes de neige franche...*

Il existe même une légende inuit qui raconte que lors des fêtes d'initiation, le bouleau apparaît sous la forme d'une jeune femme découvrant deux seins où les adolescents vont s'abreuver.

Partout où il y a des bouleaux, son nom ne laisse personne indifférent. Pourquoi l'appelle-t-on en France «l'arbre de la sagesse»? Tout simplement parce que les maîtres d'école se servaient des rameaux particulièrement flexibles de cet arbre en guise de verges à une époque où la peur était le début de ce que l'on croyait être la sagesse. Dans certaines

régions de ce pays, *biôla* signifie:
«baguette pour fouetter les enfants».
Et *bioulée*: «la fessée donnée aux
enfants».

Sur notre sol, le bouleau a
d'autres titres de noblesse. Il parle un
langage plus épique, sinon plus tendre. Notre bouleau ne blesse pas, il
est blessé. N'est-il pas l'arbre des
amoureux, celui en tout cas qui porte
sur sa peau des ciselures en forme
d'initiales, éternelles promesses des
jeunes amours?

En ce qui me concerne, je n'ai
jamais porté la main sur mon bouleau
tutélaire, celui qui a pris place devant
ma fenêtre, et qui, avec ses huit
mètres de hauteur, me cache partiellement la vue sur l'estuaire. À vrai
dire, si je respecte tellement cet arbre,
c'est qu'un jour il m'a parlé. L'histoire qu'il m'a racontée célèbre non
seulement la splendeur des paysages
qu'il habite mais aussi l'ingéniosité
des premiers habitants de ce pays.

* * *

Le bouleau m'a dit: «Je ne suis pas le seul de mon genre. J'ai une quarantaine de frères (ou de sœurs, comme vous voulez) répartis dans tout l'hémisphère nord de la planète. Le Canada en reçoit une dizaine d'espèces indigènes dont six atteignent les dimensions de l'arbre. Ici, au Québec, nous sommes quatre à devenir bois de haut fût.

«Bouleau jaune est le plus grand de nous tous. Il peut atteindre une hauteur de trente-trois mètres. Une bonne façon de le reconnaître est de casser l'extrémité d'un des rameaux et de la porter à votre nez: sa fraîche odeur de thé des bois (*Wintergreen*) vous ravira. Il a une écorce dorée qui grisonne en vieillissant et qui a tendance à friser à l'extrémité des couches de papier qui la composent.

«Mais la spécialiste du papier, c'est moi. Je me présente. Les savants me nomment: *Betula papyrifera*. Je porte le papier. Je suis "bouleau à papier", "bouleau blanc", "bouleau à canot". Je suis la plus célèbre de la famille; c'est moi qui donne à la forêt laurentienne cette allure légère, cette douceur de neige en plein été. J'ai une grande soif de soleil et ne pousse jamais là où il y a de l'ombre. On me dit fière parce que je suis toujours à hisser mon feuillage clairsemé au-dessus des autres essences. La lumière sans cesse me tire vers le haut, je peux atteindre trente mètres, je peux vivre jusqu'à l'âge de deux cents ans.

«C'est ma soif de lumière qui explique le fait que mes enfants ne poussent jamais dans mon ombre, ajoute *Betula papyrifera*; ma descendance est projetée loin de moi par le vent sous forme de graines munies de délicats ailerons. Je ne vis en famille que sur l'emplacement des feux de forêts et des bois défrichés. Pour cela, je suis plus abondante aujourd'hui qu'au moment de l'arrivée de l'homme blanc en terre d'Amérique. J'ai un beau bois dur et pesant. Par lui, je suis encore présente partout dans vos vies. Je sers à fabriquer des meubles, je sers à tourner des bobines autour desquelles vous enroulez vos fils à coudre. Vous marchez sur mon bois, puisque je sers encore parfois à fabriquer les fausses semelles des chaussures. Et vous me portez fréquemment à votre bouche, car le cure-dents, c'est moi.»

* * *

Bouleau blanc m'a dit: «J'aime le soleil, mais j'aime aussi l'eau. Grand buveur, je suis une pompe insatiable qui puise l'eau de la terre, qui l'achemine à travers mon tronc jusqu'à mes branches et mes rameaux et qui, à travers mes petites feuilles triangulaires finement dentées, la rejette dans l'air. En un seul beau jour d'été, j'exsude quatre cents litres d'eau dans l'atmosphère.

«Au printemps, comme chez l'Érable à sucre, ma sève est si abondante qu'elle jaillit quand on perce mon tronc. C'est alors que le castor vient s'abreuver de cette eau sucrée un peu âcre. Ma sève peut donner du sucre, mais il en faut des quantités bien supérieures à celle de l'érable. L'Amérindien se servait de ma sève dans sa médecine, ajouta Bouleau blanc. On a déjà écrit à mon sujet: "Quand on fait un trou à ces arbres, il en découle de l'eau fort claire qui étant bue par ceux qui ont la pierre, ils s'en trouvent bien. Elle la rompt et rejette toute la gravelle. Elle enlève les tâches [*sic*] du visage et fait le teint beau et fort fin. Elle guérit mêmes les ulcères de la bouche." C'est tiré de l'*Histoire naturelle des Indes occidentales* du père Louis Nicolas, qui a séjourné en Nouvelle-France de 1664 à 1675.

«Connaissez-vous le vin de bouleau? Il s'agit d'une boisson alcoolique mousseuse, très salubre, que certains ont même comparée au champagne. Pour fabriquer ce vin de bouleau, il s'agit de verser dans un tonneau quelque cinquante gallons de sève, d'ajouter du miel, des raisins secs et des aromates. On ferme hermétiquement et on laisse fermenter pendant deux ou trois semaines.

«C'est ainsi que je guéris tout en réjouissant et que je *vous* porte comme un charme!»

*   *   *

Bouleau blanc m'a dit: «Je porte autour de moi une enveloppe de merveille: mon écorce. Elle suggère délicatesse et douceur, mais celui qui sait voir au-delà des apparences découvre en elle une matière d'une résistance formidable. Les indiens Ojibway attribuèrent cette solidité à Winabojo, le bon génie du bouleau. Regardons-y de plus près. L'écorce externe est composée de six à dix feuilles lisses et blanches qui se renouvellent sans cesse et qui recouvrent un tissu rugueux et rougeâtre. Assez semblable au revêtement des autres arbres, il se présente sous la forme d'enveloppes superposées. Ces enveloppes sont formées de cellules de liège étroitement unies. La croissance annuelle, qui est irrégulière, fait alterner couches faibles et couches plus solides; le tissu compact se réduit alors facilement en feuillets. Sur ces feuilles rougeâtres on remarque de fines taches linéaires. Ce sont les *lenticelles*, minuscules fenêtres permettant au tronc de respirer.

«L'écorce de bouleau est si robuste qu'il n'est pas rare de voir de vieux arbres morts, le cœur réduit en poudre, demeurer debout par le seul soutien de leur corset de papier.

«Car mon écorce, dit Bouleau blanc, c'est d'abord du papier, un des plus lisses, un des plus délicats: une soie de papier! Le missionnaire Louis Nicolas qui a fait courir sa plume sur ces feuillets naturels, dira: "On y écrit aisément dessus, la plume coule sans s'user. Un seul arbre peut fournir autant de papier qu'il en faut pour écrire un gros livre."

«L'écorce de bouleau fut le premier livre en terre d'Amérique. Les Amérindiens y dessinèrent leurs cartes géographiques; les coureurs de bois y consignèrent leurs comptes et leurs itinéraires. Certains, perdus au fond des bois, sans espoir de survie, y écrivirent leurs dernières volontés.

«Mon écorce porte-t-elle l'écriture, elle porte aussi le feu. Tous les familiers de la forêt savent que la

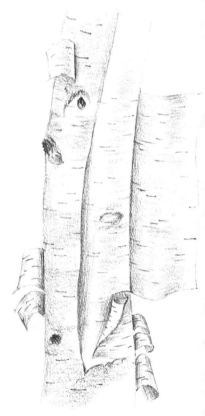

robe du bouleau est non seulement inflammable, mais qu'elle dégage une fumée noire d'une odeur très prenante, qui irrite la gorge et le nez. Un homme perdu dans le bois commencera par mettre le feu à un arbre debout; la fumée se fera sentir à des dizaines de milles de distance.»

J'aimerais faire ici une courte parenthèse au sujet de l'odeur du bouleau . Si vous avez déjà approché vos narines d'un bouleau bien pourri, vous n'avez pas manqué de noter l'odeur forte qui s'en dégage. Cette odeur, on la retrouve dans l'huile que l'on obtient en faisant bouillir l'écorce et qui donne son parfum si caractéristique au fameux cuir de Russie. N'offre-t-on pas d'ailleurs, dans le commerce, un parfum appelé *Cuir de Russie* ?

Revenons au bouleau porteur du feu...

«Les Amérindiens fabriquaient avec l'écorce des torches puissantes, qui les éclairaient dans leurs pêches nocturnes, quand elles ne leur servaient pas tout simplement à faire griller leurs prisonniers de guerre.

«Oui, mon écorce, dit Bouleau blanc, est reliée au monde de la mort. C'est dans ma tunique que les Indiens enveloppaient leurs morts avant de les ensevelir. Et au-dessus de la sépulture, accroché à un arbre, un peu de tabac enroulé dans une écorce de bouleau.

«Mais c'est surtout la vie que j'évoque. Et même les commencements de l'existence humaine puisque l'étui dans lequel la femme algonkine porte son bébé et qu'elle appelle *nâgane*, est taillé dans une écorce de bouleau.

«En réalité, c'est toute la vie quotidienne des Indiens de langue algonkienne qui s'articule autour de cette écorce.

«L'alimentation d'abord. Le chasseur appellera l'orignal en imitant son bramement et en l'amplifiant dans un grand cornet d'écorce que les Français appelleront plus tard *bourgot* et qui est encore abondamment utilisé aujourd'hui.

«Et que faire avec la viande? Comment la conserver? Après l'avoir légèrement fumée, on l'enveloppera dans de l'écorce de bouleau. Tous les Indiens de la forêt boréale savent que les aliments enveloppés dans cette écorce se conservent plus facilement. Il semble bien que l'écorce est imperméable et antiseptique. Jacques Rousseau raconte avoir constaté que le poisson à peine fumé, enveloppé ainsi, se conservait, alors que celui enroulé de papier se couvrait rapidement de moisissures.

«Les trappeurs actuels, en quittant la forêt au printemps, enveloppent les conserves inemployées dans de l'écorce de bouleau et les enterrent. Quand ils reviennent l'hiver suivant, ils les trouvent intactes, comme si elles sortaient du magasin.

«Pour préparer la nourriture, il faut des plats, des ustensiles. Les chasseurs nomades ne s'embarrassaient pas des poteries de terre cuite. Toute la batterie de cuisine sera taillée dans l'écorce du bouleau: les boîtes et les paniers, les écuelles, les louches (appelées *micouennes*) et même les plats à cuire qu'ils nomment *ouragan.* Les paniers et les boîtes sont la plupart du temps finement décorés et ils constituent les joyaux de la vannerie amérindienne. L'écorce qui est prélevée au printemps s'orne d'une pellicule interne très tendre et qui brunit quand on l'humecte. Elle se gratte alors facilement et les morceaux qui restent vierges prennent une belle teinte rosée alors que les parties grattées se teintent de rouge. Les paniers sont aussi brodés avec des poils d'orignal et des piquants de porc-épic qu'on aura baignés dans des teintures végétales.

«Comment faire cuire des aliments dans des récipients d'écorce? De deux manières! La première consiste à faire rougir au feu quelques cailloux que l'on jette dans le récipient. La seconde est plus expéditive et quasiment incroyable: on mettait tout simplement des plats d'écorce remplis de liquide directement sur le feu, en prenant bien soin de les rétrécir vers le haut, ce qui empêchait de brûler la partie qui excédait le liquide. Et, croyez-le ou non, ces plats d'écorce ne brûlaient pas.

«Nécessité est mère de l'invention. Nécessité de l'alimentation, mais aussi exigence du logement. De quoi sera faite la maison éphémère de l'Indien qui doit décabaner et cabaner selon les errances des troupeaux de caribous? La réponse est dans le mot *wigwam* même, qui signifie: «bouleau». Les charpentes de tentes restent sur place, mais on les recouvre de bouleau. Quand il faut décabaner, on jette de l'eau chaude sur les bandes d'écorce pour les amollir et on les roule comme des toiles pour les transporter. Imaginez une maison d'écorce transportée dans un bateau d'écorce! Peut-on concevoir une vie plus dépouillée, plus allégée? Peut-on concevoir plus complète alliance entre un peuple et un arbre?»

Bouleau blanc m'a dit: «Sans moi, le plus vieux continent de la terre, le plateau laurentien, qui occupe une bonne partie du Québec actuel, serait demeuré pendant des millénaires fermé à toute pénétration humaine. Quand, après la dernière glaciation, des bandes de chasseurs asiatiques ont traversé le détroit de Béring pour atteindre une terre inconnue, ils ont longtemps circulé dans des régions sans arbres. Puis avec les siècles, avançant vers l'est, ils se sont heurtés à une immense barrière de broussailles inextricables: c'est la forêt d'épinettes, la taïga hostile, mais riche de tous les gibiers. Comment y circuler? Heureusement, cette forêt est constellée de lacs (des centaines de milliers) et sillonnée de rivières. Et pour naviguer, il faut des embarcations, des bateaux assez légers pour être transportés à dos d'homme quand il faut faire du portage, en plein bois, entre deux voies d'eau. C'est alors que l'esprit du bouleau pénètre dans les rêves d'un chasseur mongoloïde endormi, ancêtre des Micmacs, Malécites, Montagnais, Algonguins, Ojibway, et lui révèle l'art de fabriquer une embarcation avec l'écorce du bouleau. À partir de ce jour l'Amérindien se rendra maître du vaste pays d'épinettes et, après lui, le coureur des bois, l'explorateur pourront pénétrer au cœur du pays neuf.

«Quand les premiers Français découvriront cette "voiture du Canada", le canot d'écorce, le seul moyen de transport de l'époque, ce sera un véritable éblouissement. Il n'y a pas d'épithètes assez fortes pour donner du relief à leurs louanges. Écoutez le père Louis Nicolas:

Le principal usage du gros bouleau pour les Sauvages de la langue algonquine est l'écorce dont ils font ce divin bateau, que nous appelons canot après les Hollandais qui en leur langue nomment un petit bateau canot. Je l'ai appelé divin pour faire connaître la belle commodité qu'on a par la navigation du canot avec lequel on pût faire avec un bout d'écorce des voyages de plus de douze cents lieues sur des lacs immenses, et passer par des lieux les plus affreux et les plus dangereux du monde. C'est quelque chose de bien particulier que de voir huit à dix grands hommes avec tout leur bagage se commettre sur une écorce, avec une autre qui leur sert de voile [...] La chose est si prodigieuse qu'elle ne pût presque pas se dire ni guère comprendre: il faut la voir et la mettre en pratique.

«L'écorce d'un seul arbre servira à la fabrication d'un canot de cinq mètres de long, qui pèse vingt kilos, mais qui peut porter deux cent cinquante kilos. On a vu, à l'époque de la traite des fourrures, des canots de douze mètres, manœuvrés par dix hommes et pouvant contenir huit tonnes de fret. Vous avez sûrement entendu parler de ce super-canot d'écorce, le *rabaska*, construit à Trois-Rivières et qui pouvait loger vingt-huit hommes.

«Et je suis sûr que vous avez déjà entendu parler d'un autre grand canot d'écorce, qui a vogué dans l'imaginaire de plusieurs générations de Québécois. Celui-là, une fois qu'un groupe de huit bûcherons s'y étaient installés le soir du 31 décembre, il suffisait, pour l'ébranler, de prononcer la formule magique: "Acabris! Acabras! Acabram! Fais-nous voyager par-dessus les montagnes!" Et le long canot, offert par le diable aux hommes selon un pacte magique, quittait la neige, montait et, voguant sous les étoiles, dans le froid le plus vif de l'hiver, dirigé par les avirons des draveurs, il les conduisait à une allure folle vers le village éloigné où ils allaient visiter leurs amoureuses. C'est la chasse-galerie!

«Un canot d'écorce dans les nuages! Il ne manquait que l'évocation de cette superbe envolée, dit Bouleau blanc, pour que soient célébrées toute la légèreté, toute la puissance que je porte en moi. Que le bon génie du bouleau vous accompagne, chers humains. Prenez bien soin de la terre: c'est la seule que nous ayons.»

LA PLUS ÉPINEUSE DES QUESTIONS

*U*n poète réclama jadis la gloire de n'avoir jamais humilié un animal devant ses petits. Je revendique le même honneur, mais il me faut quand même avouer que je ne suis pas parfaitement pur en cette matière: j'ai déjà été complice d'un acte sanguinaire. J'avais douze ans et le scoutisme occupait toute ma vie. Cet été-là, la troupe campait près du lac Crève-Faim, dans le comté de Bellechasse. Notre patrouille — les Chevreuils — était partie pour une grande excursion qui nous menait au pied des Appalaches. En traversant une friche parsemée de buissons et de roches, nous nous sommes, tous les dix, trouvés face à face avec un drôle d'animal à la fourrure foncée et hirsute, porteur d'une infinité de longues aiguilles blanches qui se dressèrent instantanément sur son corps. Il était immobile. Nous aussi d'ailleurs, qui étions figés sur place à regarder cette grosse pelote d'épingles. Un de nous cria: «C'est un porc-épic!» Il a peut-être dit: «un portipi», mais je ne me souviens pas des nuances. Ce dont je me souviens, c'est que l'animal, avec une lenteur posée, a rebroussé chemin et, d'une démarche pesante, a commencé à nous fuir. C'est à ce moment-là que le plus âgé d'entre nous, le plus déluré aussi, le plus fort, a levé son bâton de marche et s'est mis à frapper l'animal avec violence. Aussitôt le porc-épic, qui alors nous faisait dos, a commencé à battre énergiquement de la queue d'un côté et de l'autre et à pousser de petits cris de détresse. Puis ce furent six bâtons qui s'abattirent sur lui. Il cessa de bouger. Ce qui se passa par la suite me paraît encore aujourd'hui difficilement explicable. Le plus vieux et le plus dur d'entre nous alla chercher une chaîne à gros maillons — je ne me souviens plus comment et où il l'avait trouvée — et il entreprit de rosser le pauvre porc-épic. Il était déchaîné, c'est le cas de le dire. Quand il s'est arrêté de frapper, l'animal n'était plus qu'un amas de fourrure ensanglantée. Nous l'avons laissé là, au milieu de son champ et nous avons poursuivi notre excursion, en claironnant sans doute quelque chanson de marche célébrant la beauté de la vie.

Je n'ai jamais oublié cet événement et longtemps je me suis demandé pourquoi un animal qui n'avait manifesté à notre endroit aucun signe de menace avait provoqué un tel débordement de cruauté. Un jour, j'ai compris. Voilà pourquoi j'ai décidé de vous entretenir de celui qui est considéré par tous comme le plus borné, le plus insignifiant des mammifères de l'Amérique du Nord: le porc-épic.

Vous connaissez cette loi universelle qui veut que l'intolérance soit fille de l'ignorance. C'est cette affirmation qui m'a d'abord poussé à m'intéresser à la vie intime de cet animal méconnu. En lui j'ai découvert petit à petit un être singulier, digne du plus grand intérêt.

Bien sûr, il n'a pas, il n'aura jamais le panache, la couleur, la puissance, la célérité qui nous plaisent tant chez les bêtes sauvages et qui, d'une certaine manière, nous impressionnent, au nom sûrement d'une nostalgie primitive et d'une volonté de puissance que nous projetons inconsciemment sur le règne animal. Je tiens à vous prévenir: le porc-épic est lent, balourd, myope et dénué, à notre égard, de toute espèce de méfiance. En ce sens il n'est pas très imposant. Mais ce ne sont pas les plus spectaculaires qui sont les plus attachants.

Commençons par le début, c'est-à-dire par l'histoire. Il y a une cinquantaine de millions d'années, les mouvements de la croûte terrestre établirent des liens de terre ferme entre l'Amérique du Nord et l'Amérique du Sud. Il s'ensuivit un afflux d'animaux dans les deux sens. Certains mammifères montèrent plus au nord, comme l'opossum, le tatou et le porc-épic. Quand les Européens sont arrivés en Amérique, ils ont rencontré dans les grandes forêts de l'Est, cet animal bizarre qui ressemblait à un mammifère vivant dans le sud de l'Europe et portant comme lui de longues épines. Son nom de porc-épic fut tout de suite donné à notre espèce du Nouveau Monde bien que par le genre les deux bêtes soient distinctes. Le mot vient de «porc», l'animal ayant un museau percé de deux grosses narines et de deux minuscules yeux noirs d'allure vaguement porcine, et de «épic», qui vient tout simplement d'«épine». On disait d'ailleurs au XIIIᵉ siècle: *porc-épine*. Mais le mot «épic» est plus piquant qu'«épine». Les Montagnais appellent la bête: *kakw*. Les sonorités, convenez-en, n'ont rien de tendre.

Il y a quelques siècles encore, le porc-épic était extrêmement abondant en Amérique. Avec la disparition des grandes forêts et à cause de la cruauté des hommes à son endroit, il est devenu plus rare, bien qu'il ne soit pas précisément menacé d'extinction. S'il n'est pas fréquent de rencontrer un porc-épic, c'est que l'animal est actif surtout la nuit.

Le porc-épic est un rongeur. C'est du reste le plus robuste, après le castor, de tous les rongeurs d'Amérique du Nord. Il y a quelques semaines, j'ai découvert dans la forêt un crâne intact de porc-épic. Ce qui frappe dans cette partie de squellette, ce sont les quatre grandes incisives de couleur orange, bien aiguisées. Ces couteaux, comme les dents du castor, poussent continuellement et ont par conséquent besoin d'être affûtés. L'animal s'en charge lui-même en rongeant. En rongeant quoi? Des herbes, des fleurs, des brindilles, des feuilles, des branches en été et, en hiver, l'écorce interne des arbres.

Ce qui m'amène à vous révéler une des curiosités de sa vie. Quand il se déplace sur la terre ferme le porc-épic est lent, un peu balourd, sans grâce. Monte-t-il dans un arbre, le voilà métamorphosé en trapéziste. Ses pattes, munies de coussins plantaires, portent de longues griffes noires, un peu comme celles des ours. Avec ces griffes, l'animal peut grimper, s'agripper, saisir, se retenir. On voit souvent des porcs-épics, bien calés dans la fourche d'un arbre, tirer à eux les branches les plus éloignées pour en ronger les feuilles. Assuré de trois appuis, l'animal se permettra toutes les acrobaties. Il est faux par contre de croire qu'il peut se pendre par la queue. Le porc-épic ne sera jamais un singe, bien que, comme lui et comme l'écureuil, par exemple, autre célèbre arboricole, il ne se sente vraiment à l'aise que dans les arbres. Au reste il n'est pas rare de le voir, en plein hiver, demeurer dans un seul arbre, un conifère de préférence, durant plus d'une semaine, défiant le froid et la tempête, rongeant l'écorce à partir de la cime.

De cela on leur tient parfois rigueur, mais c'est quand même leur appétit immodéré pour le sel qui leur vaut la haine tenace des forestiers. Grâce à leur odorat, qui est d'un grand raffinement et dont on commence à peine à mesurer l'importance, ils dénicheront n'importe où dans leur territoire tout objet imprégné de sel. Et comme la sueur des humains contient du sel, les porcs-épics feront leurs délices des gants, chapeaux et bottes de cuir, des avirons et des rames, des crosses de fusil, manches de hache, rampes d'escaliers et bancs de toilettes. Dans le manque, ils s'abandonneront à un autre de leurs vices: une forte attirance pour la colle contenue dans le contre-plaqué. Voilà pourquoi on voit souvent en forêt des écritaux à demi rongés par les porcs-épics. À tel point qu'il y a quelques années, aux États-Unis, on a mis au point un contreplaqué contenant de la colle répulsive.

Pour connaître les sévices dont se rendent parfois coupables les porcs-épics, il faut vivre en forêt. De même qu'il faut quitter la ville pour entendre un des bruits les plus singuliers du milieu sauvage. Vous êtes, par exemple, au bord d'une rivière, en train de pêcher, quand soudain, derrière vous, dans un fourré, un fantôme glisse en produisant un froissement rêche qui vous rappelle le frottement des balais de bruyère sur le ciment. Si vous pouviez enregistrer de tels sons et que vous osiez diminuer de moitié la vitesse de l'enregistrement, vous entendriez une drôle de musique, assez semblable au chant de la pluie sur un lac en été. Mais la réalité est plus cuisante. Vous entendez en fait le bruit que produit par frottement une des armes les plus subtiles du monde animal. Un piquant de porc-épic!

Ici, la nature s'est surpassée. On croyait qu'elle avait atteint le degré ultime du raffinement en donnant à la mouffette l'arme que l'on connaît; mais elle n'est pas toujours efficace puisque certains oiseaux de proie n'ont pas le sens de l'odorat. En revanche, tous les prédateurs sont sensibles à la douleur. Un dard qui vrille profondément dans la peau est une arme redoutée. Imaginez alors une bête de la grosseur d'une mouffette portant avec elle, sur tout son corps, un arsenal de quarante mille piquants!

Un porc-épic a trois sortes de poils: un duvet noir, très fourni, qu'on appelle le «poil de bourre» et, à travers, des poils plus longs, de couleur brune, que le spécialiste nomme des «jarres». De cette fourrure surgissent les fameuses épines dont les plus longues atteignent les dimensions d'un stylo. Même le jeune «porcupette» vient au monde avec des piquants. À sa naissance il est contenu dans une sorte de sac qui évite de blesser la mère. Très précoce, il peut, dix heures plus tard, entreprendre sa première promenade; le lendemain, il est déjà prêt à grimper dans un arbre.

Quand l'animal dort, mange, vaque à ses petites affaires, il garde ses piquants à demi cachés dans la fourrure; est-il dérangé ou attaqué, il dresse ses aiguilles, chacune étant reliée sous la peau à un muscle indépendant.

Une légende veut que le porc-épic lance ses dards à distance. Il n'en est rien. Il est possible que quelques dards se détachent quand l'animal aux abois fouette l'air de sa queue, mais il faut convenir que la nature n'a pas poussé aussi loin son raffinement.

La meilleure façon de faire voir un piquant de porc-épic, c'est de le comparer à la tige d'une plume d'oiseau. Comme elle, le piquant est tendre, léger et incroyablement résistant. Il se présente comme un étroit cylindre blanc, vide à l'intérieur. À son extrémité, ce cylindre s'amincit pour former une pointe fine munie de plusieurs dizaines de petits aiguillons noirs. Quand on touche à ces aiguillons, on ne sent rien de particulier. Mais ils possèdent la propriété de gonfler à l'humidité et donc de faire pénétrer davantage le piquant qui vient d'atteindre la chair d'un assaillant. Est-il nécessaire d'ajouter que les épines se renouvellent et qu'elles repoussent de quelques centaines de millimètres chaque jour?

Regardons maintenant un porc-épic en train de se défendre. Un chien par exemple vient de le flairer. L'animal cherche alors à protéger son museau en l'appuyant contre une roche ou un arbre. Vivement il tourne dos à l'assaillant en prenant appui sur ses seules pattes de devant. Toutes ses épines sont hérissées. En une fraction de seconde, il présente au chien sa queue massive garnie d'aiguilles. Et cette queue commence à fouetter l'air dans un rythme endiablé. Pour se faire encore plus menaçant, il ira jusqu'à claquer des dents comme un Grand Duc, du bec.

Une question vient tout de suite à l'esprit: un animal si bien armé a-t-il vraiment des ennemis, tant il apparaît évident que tous ceux qui s'y frotteront s'y piqueront? Les trappeurs vous diront qu'ils trouvent dans leurs pièges des ours, des lynx, des renards et même des loups piqués à la gueule de quelques terribles épines. Par contre, deux prédateurs ont un certain succès dans la chasse au porc-épic: le coyote et le pékan. C'est ce dernier qui est considéré comme son grand ennemi.

Le pékan est une sorte de gros vison de la dimension d'un chat, à la fois élancé et massif, très cruel et extrêmement habile à chasser dans les arbres. Contre le porc-épic il a mis au point la technique suivante: il l'affronte de face et avec la rapidité de l'éclair, il glisse une de ses pattes sous l'abdomen de sa victime. Un effort et voilà notre rongeur sur le dos. Il ne reste plus au pékan qu'à mordre sans tarder la poitrine dépourvue de piquants.

Mais avant de mourir, le porc-épic a eu le temps de faire bien des choses dans sa vie. Peut-être a-t-il eu le temps d'assurer sa descendance? Je sens qu'en ce moment s'installe en vous un sentiment partagé entre la curiosité et l'inquiétude. Vous vous demandez comment deux pelotes d'épines peuvent réussir à s'unir sans trop d'offenses. Vous allez voir qu'il est toujours possible en ce domaine de faire des merveilles.

Je vous ferai part, tout d'abord, d'une des plus grandes curiosités de la vie de cet animal placide et secret: il possède un langage vocal très élaboré. Plusieurs personnes circulant dans les bois en octobre ou en novembre ont entendu des cris bizarres, très perçants, évoquant de longs sanglots nasillards se terminant en éclats de rire. Longtemps les forestiers ont prêté une origine démoniaque à cette plainte lugubre. Jusqu'au jour où l'on a découvert deux porcs-épics en train de se faire la cour.

Vers la fin octobre, les mâles, guidés par leur odorat, partent à la recherche des femelles en chaleur. Quand un mâle a repéré une femelle, il la poursuit jusqu'au consentement ultime. Mais avant qu'une dame porc-épic daigne accepter les hommages d'un monsieur, il peut se passer beaucoup de temps. Le soupirant exécute alors une véritable sérénade faite de grognements et de ronronnements. La femelle répond d'ordinaire en émettant une série de cancanements très singuliers qui évoquent la voix humaine et qui sont le plus souvent ponctués par des claquements de dents.

Un beau jour, la femelle accepte enfin son partenaire. Comment ils font pour s'accoupler, voilà une question épineuse, n'est-ce pas? Ils sont tout simplement d'une extrême prudence, d'une grande circonspection et d'une parfaite dextérité. Je ne veux pas tout révéler de leurs secrets de terrier, ces animaux ayant droit à un minimum d'intimité. Je vous dirai seulement que le dessous de leur queue massive est dépourvu d'épines. Quand la femelle accepte enfin les hommages, elle ne fait que relever la queue — ce qu'elle ne fait jamais en d'autre temps — au-dessus de son dos. Le reste est facile à imaginer.

À vrai dire, je n'éprouve pas d'attirance particulière pour cet animal, encore que ceux qui l'ont apprivoisé louent sa gentillesse et sa touchante familiarité. Il n'empêche que je revendique pour lui la tolérance et le respect que l'on doit aux êtres vivants, fussent-ils dépourvus de grâce et d'attrait. Les balourds, les empotés, les maladroits créent dans ce monde une lenteur de bonne venue, un ralentissement de la fureur et, à leur manière, ramènent la vie à son rythme d'origine.

QUEUE DE FEU, DENT DE FER

Le coyote

E xiste-t-il, en Amérique du Nord, un animal capable de créer un fleuve et plus tard d'en détourner le cours? Une bête assez rusée pour aller dérober le feu du ciel, assez généreuse pour en faire cadeau aux humains? Les Indiens de l'Ouest américain le croyaient, qui firent même de cet animal le créateur de toutes leurs tribus. Animal légendaire et my-thique, alors? Pas du tout: il est bien réel. On comprend du reste qu'il ait été déifié par les premiers habitants du continent puisque, aujourd'hui encore, les savants s'entendent pour dire qu'il est le plus intelligent et le plus complexe des animaux de la faune indigène: c'est le coyote.

Son nom lui vient des Aztèques qui l'avaient baptisé: *coyolt*. Il y a cinq cents ans, il parcourait les plateaux accidentés du nord du Mexique et les plaines américaines. Quand les Européens peuplèrent l'Amérique, le coyote fut tout de suite attiré par les réserves de nourriture qu'ils transportaient. Pourchassé, persécuté, sa tête mise à prix, il n'en continua pas moins sa lente et sûre progression vers le nord et vers l'est. Partout où le loup était exterminé, le coyote, son cousin, prenait place à demeure. Au XIXᵉ siècle, il arrive en Colombie-Britannique, traverse les Rocheuses, passe dans les plaines de l'Ouest canadien au début de notre siècle. Puis le voici de plus en plus à l'est. Du Vermont il passe en Ontario. En 1944, exactement, on en abat un spécimen à Luskville, comté de Gatineau, au Québec. Depuis, il a encore gagné du terrain. Comblant la niche écologique laissé vacante par la disparition du loup, il s'installe sur toute la rive sud du Saint–Laurent et en Nouvelle-Angleterre. Au début des années 70, le voici enfin parvenu en Gaspésie où sa population est à ce point abondante que les biologistes affirment qu'il est maintenant impossible de le déloger et qu'il faut dorénavant compter avec lui. Animal endurant, audacieux, reconnu pour son opportunisme et son extraordinaire souplesse à toute adaptation, le coyote est un des personnages les plus intéressants de notre faune.

Qu'est-ce qu'un coyote? C'est un représentant de la famille des canidés, au même titre que le loup, le renard, le chien et le chacal. Certains le surnomment, en effet, le «chacal d'Amérique». Au physique, il ressemble à un loup élancé, qui aurait maigri et foulé, pour atteindre la taille d'un petit chien colley. Son pelage est gris jaunâtre, avec des plaques fauves au museau et aux pattes. Il se distingue du loup par ses jambes fines, qui lui donnent une démarche agile et souple, par son noir museau effilé et par ses oreilles longues et pointues.

Le mâle, plus grand que la femelle, mesure cent vingt centimètres du museau à la queue. Son poids moyen est de treize kilos, ce qui est la moitié du poids du loup et le double de celui du renard roux. C'est bien entre le loup et le renard qu'il se situe, non seulement par ses dimensions et ses caractères anatomiques, mais aussi par sa vie sociale, son régime alimentaire et ses méthodes de chasse.

Si la vie sociale du coyote n'est pas aussi complexe que celle de son célèbre cousin, elle n'est pas pour autant inexistante. Pendant l'hiver, mâles et femelles s'accouplent. Ils resteront unis la vie entière. Au début du printemps, dans un terrier qu'elle a creusé elle-même, la femelle met bas une portée moyenne de six jeunes. Il est maintenant admis que les coyotes pratiquent le contrôle des naissances. Aux États-

Le Loup des bois

Unis, quand les lièvres sont abondants, soixante pour cent des femelles ont des portées de six jeunes ou plus. Dans les années de rareté, le tiers seulement mettent bas plus de quatre petits.

Il m'est souvent arrivé d'aller observer la famille de coyotes qui occupe l'enclos des loups au zoo de Québec. J'ai toujours éprouvé une aigre compassion pour ces êtres perclus de tristesse, abandonnés, réduits à une incessante déambulation dans les mêmes pistes. Cette impression rejoint celle que l'humoriste Mark Twain a exprimée par ces mots: «Le coyote est une vibrante allégorie de la misère [...] toujours pauvre, malchanceux et sans amis. Même les puces sont prêtes à le fuir en faveur d'un vélocipède.»

Quand on a un jour entendu hurler un coyote, on ne peut oublier cet accent de douleur plaintive qui semble jaillir du plus profond de lui-même. C'est un flot de jappements sourds, gutturaux, suivis d'un hurlement aigu, un cri déchiré empreint d'une tonalité obsédante. C'est une des plus graves évocations de la nature sauvage.

C'est le soir, la nuit et à l'aube que les coyotes hurlent. Quand ils sont plusieurs, ils font chorus comme les loups. On entend des jappements qui recouvrent les hurlements et ce désordre de voix donne l'impression que les animaux sont beaucoup plus nombreux qu'ils ne le sont en réalité. On a déjà dit à propos de ces séances de hurlements qu'elles donnaient l'illusion que tous les coyotes du monde étaient rassemblés pour prendre une leçon de chant!

Pourquoi font-ils entendre ce mélange de jappements et de hurlements? Pour s'exprimer, pour dire un certain nombre de choses à leurs semblables. Car c'est un fait que les coyotes communiquent entre eux. Avant de partir en chasse, par exemple, la meute s'assied en cercle et pousse à l'unisson des séries de jappements. On ne s'étonnera pas d'apprendre que le coyote puisse aboyer puisque son nom scientifique, *canis latrans,* signifie justement: «chien qui aboie». Je trouve personnellement que son répertoire se situe à mi-chemin entre celui du renard et celui du loup.

Hurlent-ils pour le simple plaisir de peupler de cris l'espace obcur qui les entoure? La solitude, la peur et, par voie de conséquence, le désir de garder contact avec l'espèce seraient en tout cas à l'origine de bien des concerts.

Autrefois, les Indiens des plaines de l'Ouest prêtaient beaucoup d'importance à ces manifestations sonores. Les sorciers pouvaient les interpréter et ils se fiaient à la tonalité des hurlements pour savoir si le visiteur humain qui s'approchait dans la nuit était un ami ou un indésirable. Lors de la conquête de l'Ouest, les Blancs aussi se fiaient au coyote. Les entendaient-ils hurler, ils étaient sûrs que les Indiens ne rôdaient pas près des campements. Au contraire, les nuits où le coyote se taisait, il fallait doubler la garde.

Il ne faut pas trop se laisser bouleverser par l'impression de douleur écorchée et de profonde déréliction produites par ces manifestations sonores: le coyote est un animal qui possède au plus haut point le sens du jeu. Il est d'ailleurs remarquable de constater qu'une bête si cruellement pourchassée par l'homme depuis des siècles, engagée dans une volonté farouche de survivre, puisse être aussi enjouée. Jamais, au cours de ses premiers mois, il ne manquera une occasion de s'amuser, près du terrier natal, avec ses frères et ses sœurs. On a souvent vu des coyotes adultes s'amuser à lancer des objets en l'air pour les rattraper ensuite. Quand ils saisissent un mulot ou un écureuil, ils s'adonnent au même plaisir pendant plusieurs minutes avant de l'avaler.

Un biologiste de l'Oregon avait chez lui une femelle apprivoisée dont le divertissement préféré était de rivaliser avec son maître dans la promptitude à saisir un journal enroulé. L'animal était si vif qu'il gagnait à tout coup. Mais voici qu'au bout d'un certain temps le maître réussit à gagner. Quelle ne fut pas, cependant, sa surprise de découvrir que c'était la femelle qui, souhaitant la poursuite du jeu, faisait en sorte de le laisser gagner de temps en temps.

De l'intelligence, il en faut, bien sûr, pour survivre aux multiples tribulations qui sont le lot coutumier du coyote. Il faut aussi de la résistance, de la ténacité et du courage. On verra par les petites histoires qui suivent qu'il n'en manque pas.

Un coyote du Nouveau-Mexique, pris au piège, réussit à arracher l'engin où sa patte était coincée et marcha pendant dix-sept jours, retenu aux mâchoires d'acier, avant de parvenir à se dégager. Pendant tout ce temps, il arriva à se nourrir d'oiseaux, de rats et même de moutons.

Trappeurs et chasseurs signalent de temps à autre l'existence de coyotes scalpés, culs-de-jatte, ou privés d'une de leurs mâchoires. Un jour, aux États-Unis, on a trouvé quatre fils barbelés insérés dans la chair d'un coyote en bonne santé. Un autre fut capturé, qui avait la gueule ficelée et aux trois quarts fermée depuis des semaines. Cet inconfort ne l'avait pas empêché de se nourrir!

Une femelle coyote prendra de grands risques pour protéger ses jeunes. L'histoire suivante est assez éloquente à cet égard. On captura, un jour, près d'un ranch, en Oregon, un jeune coyote de huit semaines qui jouait à proximité du terrier. On l'amena au ranch, on lui passa un collier de cuir lié par un fermoir de métal à une chaîne qui servait à le garder prisonnier, dehors. Le lendemain, le coyote s'était enfui avec son collier; la chaîne et le fermoir étaient intacts. On remarqua alors des pistes de coyote adulte près de l'endroit où le jeune était enchaîné. Qu'est-ce qui a pu se passer? Parmi les hypothèses proposées, la plus plausible semble être celle-ci: la femelle a suivi le jeune jusqu'à son lieu de captivité. Pendant la nuit, en essayant de mâcher le collier, elle a ouvert le fermoir par accident.

La ruse du coyote est légendaire. Au point que furent souvent surestimés les domaines où elle s'exerce. N'a-t-on pas déjà raconté que les coyotes désireux de se débarrasser d'un chien de berger envoyaient comme appât une femelle avec mission de rabattre le chien, qu'ils dévoraient aussitôt. Il ne faut pas confondre ruse et intelligence perfide. Si fin soit-il, l'animal sauvage ne manigance jamais. Les fermiers du Québec accusent parfois le coyote de déprédations vicieuses sur leurs troupeaux, sans savoir que ces malveillances sont le plus souvent l'œuvre d'hybrides, produits du croisement d'un coyote et d'un chien errant, ou même d'un chien abandonné, forcé de chasser pour survivre.

C'est à la chasse que la ruse du coyote se manifeste dans toute sa finesse. Car c'est bien à un traqueur que nous avons affaire, un prédateur qui occupe, au plan écologique, une position intermédiaire entre le renard et le loup, ce qui le rend apte à poursuivre avec succès une grande variété de proies qui vont de la souris au Cerf de Virginie. Sa voracité est telle qu'il ne repoussera aucune nourriture. On dit même que tout ce qui ne peut le manger, lui, il le dévore. Les proies vivantes, les carcasses d'animaux, les détritus, les insectes, les poissons, les oiseaux, les fruits, les graines, tout est bon pour sa dent. Chose étrange: la pastèque exercerait sur lui un attrait de prédilection.

Pour chasser, le coyote est merveilleusement bien équipé. Ses véritables armes, les plus redoutables, sont ses canines. Longues, recourbées, tranchantes comme des faux, elles lui permettent, s'il les enfonce dans la nuque de sa proie, de rompre, d'un coup sec, la veine jugulaire.

Chasseur habile, le coyote, ou modèle d'opportunisme réfléchi? En tout cas, il exercera toujours son cerveau avant d'utiliser ses muscles, comme tous ceux qui profitent d'une situation leur permettant de trouver de la nourriture à bon compte.

Dans les plaines de l'Ouest, pourquoi suit-il si calmement les troupeaux des bovidés sinon pour saisir les rongeurs que le bétail dérange et fait sortir de leurs terriers? Pourquoi, toujours dans l'Ouest, les coyotes accompagnent-ils les chasse-neige si ce n'est pour prendre en chasse les mulots et les souris que ces machines mettent subitement à découvert?

En Californie, il y a quelques années, on assista à une étrange histoire d'amitié entre un coyote et un bulldozer! Pendant plusieurs jours, l'animal devint l'inséparable compagnon du mastodonte qui, en remuant le sol, forçait les rongeurs à quitter leur gîte.

A-t-il affaire à une proie rapide, le coyote envisagera toujours la coopération. Si fort que soit son appétit pour le lièvre, son principal gibier, pendant l'été, au Québec, il ne suffira pas toujours à rendre le prédateur capable d'attraper le véloce à la course. C'est pourquoi on voit si souvent deux coyotes engagés dans la chasse au lièvre. Ensemble, ils tirent profit de son habitude de dessiner un cercle dans sa fuite. Un des coyotes poursuit l'animal tandis que l'autre va l'attendre là où le conduit sa route circulaire.

C'est encore en Oregon que fut publiée l'histoire suivante. Un fermier du nom de Duke Warner avait deux jeunes coyotes apprivoisés. Un jour, en allant chercher ses vaches pour les ramener à la ferme, il amena avec lui ses coyotes. Soudain un lièvre surgit des herbes et disparut derrière une butte, devant eux. Les coyotes se regardèrent un moment; un des animaux se lança à la poursuite du lièvre pendant que l'autre contournait la butte. Warner gravit la butte pour voir que de l'autre côté ses coyotes avaient immobilisé leur proie.

Le coyote, on l'a vu, est un chasseur doué d'une exceptionnelle sagacité. Et pourtant il n'a jamais conquis la faveur de l'homme. Encore aujourd'hui, dans toute l'Amérique du Nord, aucune loi ne le protège. Pourquoi lui en veut-on à ce point? Parce qu'il a déjoué toutes les tentatives visant à l'exterminer? Parce qu'il s'est installé partout sur le continent? Parce qu'on lui reproche de s'en prendre aux moutons et aux poules? Les exactions qu'on lui impute sont, semble-t-il, moins importantes qu'on croit. Il y a quelques années, un biologiste écrivait: «On a dépensé aux États-Unis, en 1967, cent mille dollars pour lutter contre les coyotes quand ceux-ci ont tué au cours de cette même année pour trois mille dollars de moutons.»

Quoi qu'il en soit, le coyote est là pour rester; il faut apprendre à vivre avec lui, ne serait-ce que pour la dette que nous avons à son égard, comme nous le rappelle cette légende des Indiens Sia du Nouveau-Mexique.

Il y a longtemps, l'araignée Sussistinnako, qui créa le monde, vivait dans une maison souterraine où elle gardait le feu en faisant surveiller les portes par le serpent, le cougar et l'ours. Les habitants de la terre se lassèrent de brouter l'herbe comme des daims et résolurent d'envoyer Coyote voler du feu dans le monde inférieur. Coyote accepta. Quand il parvint à la maison de l'araignée, au milieu de la nuit, il trouva les trois gardiens endormis. Dans la pièce, Sussistinnako dormait, elle aussi. Il se dirigea en hâte vers le feu, y alluma le brandon de cèdre attaché à sa queue et s'esquiva bien loin sur la route du monde d'en haut. Ce jour-là les humains acquirent le feu.

LES TOURS DE MAGIE
DU SURVENANT MASQUÉ

*S*i vous habitez une maison dont une seule fenêtre donne sur la verdure, vous êtes un être privilégié. Si, au surplus, près de cette ouverture, poussent des arbres fruitiers, vous comptez parmi les opulents de la terre. Car les arbres fruitiers ne fournissent pas que des fruits, ils produisent en quelque sorte des oiseaux! Ainsi, en me permettant de travailler devant une fenêtre qui découvre des cerisiers, un cormier et quelques amélanchiers, le sort a fait de moi un homme comblé. J'aime le goût pourpré des *Saskatoons,* mais j'aime surtout les spectacles que m'offrent les amélanchiers: il ne se passe pas une heure, de mai à septembre, sans qu'un oiseau y vienne faire une halte. C'est une fauvette, un Pinson chanteur, un Moqueur chat. Et puis un jour, vous tressaillez: une beauté soyeuse se présente devant vous sous la forme d'un oiseau. C'est le Jaseur des cèdres, facile à reconnaître puisque c'est notre seul oiseau huppé portant au bout de la queue une bande jaune. La proximité vous fera tout de suite voir le masque noir liseré de blanc qui lui traverse le front et les yeux. Les couleurs du plumage vont du gris au brun frotté de fauve. Mais ce qui vous surprend le plus dans l'habit du jaseur, c'est la texture même des plumes, qui sont si fines et si bien tassées contre le corps qu'elles évoquent un tissu où se mêlent la soie et le velours. Le mot raffinement vous vient immédiatement à l'esprit, non seulement à admirer son plumage, mais aussi à considérer sa conduite et à écouter son chant, ce léger grésillement à la fois strident et tamisé.

Le vrai gentleman des oiseaux, a-t-on dit de lui, en voulant souligner son caractère paisible, sociable, dépourvu d'agressivité. Et comme pour mieux mériter cette appellation, l'oiseau porte, comme des fleurs d'élégance, au bout de certaines plumes de ses ailes (les rémiges secondaires) de petits appendices d'aspect cireux, des plaquettes rouge vif qu'ils sont les seuls à posséder parmi tous les oiseaux. Son nom anglais de *Waxwing* lui vient de ces gouttelettes de cire oblongues. À quoi peuvent-elles bien servir, si tant est que toute particularité anatomique chez les animaux a sa fonction? La seule explication que j'ai pu trouver nous est fournie par le naturaliste américan Alexandre Wilson qui, il y a presque deux siècles, s'intéressa à ces appendices. Selon lui, ils serviraient à préserver le bout des plumes, qui pourrait s'ébrécher au passage continuel des jaseurs à travers les aiguilles des conifères. Wilson avait remarqué que les individus dépourvus de ces plaquettes cireuses avaient souvent le bout des plumes usé, sinon écorché. La question toutefois reste ouverte.

Le Jaseur des cèdres n'est pas le seul de sa famille à fréquenter notre planète. Le Jaseur du Japon va se reproduire en Sibérie orientale. Un autre circule à travers tout l'hémisphère nord, en Europe et en Amérique, et porte le très beau nom de Jaseur de Bohême ou Jaseur boréal. Il se distingue du Jaseur des cèdres par sa taille légèrement plus grande et par les taches blanches et jaunes qui ornent ses ailes. C'est un survenant qui se livre à de curieux déplacements. Ses apparitions subites dans nos contrées, en hiver, ont longtemps relevé du pur mystère. Certains hivers, en 1908, en 1916 et en 1930, notamment, on a vu arriver chez nous et dans l'Est américain des hordes de Jaseurs de Bohême qui obscurcissaient le ciel et qui allaient s'abattre dans les vergers et dans les conifères. D'où provenaient ces errants qu'on ne voyait jamais nicher et dont on ne savait presque rien? On a alors découvert que ces magnifiques oiseaux nichaient à la limite de la forêt subarctique, dans l'ouest du Canada, en Alaska surtout. Ces invasions massives se font maintenant plus rares, mais chaque hiver, chez nous, on peut voir de petites troupes de Jaseurs de Bohême chercher leur nourriture dans les arbres fruitiers et les vergers abandonnés. Comment pouvait-on, dans l'Europe de jadis, considérer leur venue comme un mauvais présage, annonçant les guerres et les épidémies?

Mais tous les jaseurs d'hiver ne sont pas que de Bohême. Quelques Jaseurs des cèdres peuvent décider, on ne sait trop par quelle impulsion, de partager nos agapes frileuses. En 1980, un jaseur a passé plusieurs mois dans un pommier de ma connaissance où les fruits avaient gelé sur la branche. Il demeura des semaines durant dans une telle immobilité, toujours sur la même branche, qu'un témoin de passage aurait pu le prendre pour une contrefaçon. De telles scènes sont rares puisque les Jaseurs des cèdres passent les hivers en groupes nombreux dans le sud des États-Unis et de l'Amérique centrale. C'est aussi en groupes qu'à la fin de mai ils nous reviennent. Mais attention: ce migrateur est un nomade chez qui la fidélité au même territoire est à peu près inexistante. Vous pouvez très bien avoir goûté, chez vous, dans votre jardin, tout un été, la présence d'une dizaine de jaseurs sans qu'il y ait lieu d'espérer les voir revenir l'année suivante.

Un jour pourtant, vous êtes dehors à recevoir le premier soleil de l'été et vous êtes alerté par un drôle de bruit: un *sriii-sriii* fin, aigu, strident, comme un murmure d'insecte rare, comme le bruissement métallique des soucoupes volantes dans les films de science-fiction. Vous levez la tête et vous apercevez une dizaine de petits oiseaux rassemblés dans un vol synchrone très rapide, légèrement ondoyant. Une fraction de seconde plus tard, les voici tous posés dans un frêne, un cèdre ou une épinette. Pendant quelques minutes, en continuant d'émettre ce grésillement à peine audible, ils s'activent dans les branches, volettent, tournent, montent, descendent, puis, en silence, ils s'immobilisent. Longtemps, ils resteront ainsi. Si vous ne les avez pas vu arriver, vous pouvez vous asseoir de longues minutes sous un arbre qui héberge vingt jaseurs sans que vous soupçonniez même leur présence. Mais si un groupe a adopté vos parages pour une saison, soyez à l'affût: vous allez vivre des expériences ornithologiques inoubliables.

Le 13 juin 1981, à sept heures, il fait déjà chaud et le temps est plein de soleil. Soudain, à une vingtaine de mètres de chez moi, j'entends un gazouillis strident, qui me rappelle sur le moment la longue phrase ininterrompue du chant d'aurore de l'Hirondelle bicolore, mais en plus précipité. J'accours. Sur une branche morte, dans un gros érable, un jaseur est posé. C'est lui qui siffle ainsi. Un autre arrive tout de suite, serrant un insecte ailé dans son bec, et se pose sur

la même branche. Les deux oiseaux me font face et commencent leur manège: après un petit saut de côté, l'arrivant se retrouve tout proche de son congénère et lui passe sans tarder l'insecte de bec à bec. Un autre sautillement l'éloigne de quelques centimètres. L'autre oiseau, celui qui vient de recevoir le présent, amorce lui aussi le même bond et vient rejoindre le premier pour lui redonner l'insecte. L'autre accepte et les deux oiseaux s'envolent ensemble. C'est là, à n'en pas douter, un des comportements de pariade du Jaseur des cèdres. Cet échange répété de cadeaux en est certainement un des préliminaires, de même que la danse sautillante, menuet démodé, qui l'accompagne, où les partenaires semblent rivaliser de dignité.

Le lendemain, je suis devant la fenêtre. Deux jaseurs se posent dans l'amélanchier dont les fruits sont encore verts. Il y a deux semaines à peine, l'arbre était encore chargé de ses fleurs blanches étoilées. Un des oiseaux saisit une baie dans son bec et l'offre tout de suite à l'autre oiseau que j'identifie comme étant sa compagne et qui se tient sur une branche inférieure. Elle accepte le présent, garde le fruit un moment dans son bec, monte sur la branche où l'attend le séducteur, s'approche de lui et du même geste lui rend le fruit. Cinq fois ils se passeront ainsi la «petite poire» avant de prendre ensemble leur essor.

Ce comportement, fait de gentille prévenance, exerce une grande fascination sur l'imagination. Certaines personnes y ont vu la preuve que les qualités du savoir-vivre n'étaient pas tout à fait absentes chez les animaux. Qu'en sait-on au juste? Les animaux respirent le même air que nous, mais font-ils vraiment partie de la même réalité?

En fait, il apparaît que les jaseurs, à l'époque de la formation des couples, échangent des cadeaux (il peut s'agir d'un insecte, d'un fruit, d'une fleur, d'une feuille) dans le seul but de se reconnaître. Mâles et femelles sont absolument identiques. Chez eux, aucune marque, aucun chant ne vient distinguer les sexes: on voit même parfois un oiseau venu se poser tout près d'un congénère pour lui offrir un cadeau se faire rabrouer de la manière la plus explicite: un mâle vient de courtiser un autre mâle! Si l'oiseau accepte le présent pour

ensuite le rendre, il se définit comme une femelle prête à
accepter le mâle.

Cet échange de cadeaux est si important dans la vie des
jaseurs qu'on le retrouve jusque dans leur comportement
social. Il donne alors naissance à un curieux rituel qui a
séduit les observateurs les plus blasés. Avant les migrations,
les jaseurs se regroupent en bandes errantes; l'on peut voir
une vingtaine d'oiseaux posés en rangées sur le même fil électrique. Arrive soudainement un congénère portant une baie
dans son bec. Il prend place au bout de la ligne, passe le fruit
dans le bec de son voisin, lequel s'empresse de le céder à son
voisin, qui lui-même l'offre à son congénère, et ainsi de suite
jusqu'à la fin du rang. Le dernier servi, à son tour, le remet
à son compagnon, recommençant la chaîne en sens inverse.
Ils peuvent continuer ce jeux interminablement, jusqu'à ce
qu'un des jaseurs décide, à brûle-pourpoint, d'interrompre la
partie... en avalant la mise!

Les jaseurs ne sont pas que des oiseaux courtois et
enjoués. Ils sont capables de manifester la plus touchante
familiarité à l'égard des humains. Un ornithologue me raconte
que dans sa jeunesse il voyait souvent son père offrir aux
Jaseurs des cèdres des bouts de ficelle blanche qu'il alignait
sur ses jambes étendues. Les oiseaux venaient cueillir les
cordelettes qu'ils incorporaient aux divers matériaux de leur
nid. Cette grosse structure un peu négligée, ils n'hésiteront
pas à venir la construire à quelques pas seulement de nos

maisons, tant est grande leur confiance à notre égard. C'est ainsi qu'un ami, résident de l'île d'Orléans, a suivi, tout le mois de juillet, la couvée d'un couple de jaseurs qui avaient élu pour abri une haie d'Ormes chinois située à proximité de sa maison et à quelques pas de la niche d'un setter fouineur et hyperactif. Quatre personnes s'affairaient tous les jours dans le jardin: à la fin de juillet, trois jeunes se sont envolés de cette cachette!

Recevoir la visite d'un couple de jaseurs est une vraie faveur du sort et les spectacles dont vous serez les témoins amusés sont toujours inattendus. La première curiosité que vous remarquerez est sans doute le cri étrange qu'ils émettent en vol. Ce cri contient de si hautes fréquences sonores — des ultra-sons, en réalité — que l'oreille humaine ne capte qu'un bruissement métallique strident, très difficile à enregistrer et qui produit une impression de gaieté pétillante et d'entrain vibrant.

Les jaseurs sont des vivants au métabolisme endiablé. Vous serez étonnés des quantités phénoménales de nourriture qu'ils peuvent avaler. Des fruits surtout, des mûrs et des verts. S'ils sont friands des baies du thuya, du cornouiller, du sorbier, ils raffolent littéralement des cerises et des merises. Quand ses fruits sont mûrs, les jaseurs en engloutissent de telles quantités qu'ils en deviennent parfois, dit-on, incapables de voler et souffrent de ce fait qu'on les prenne dans la main.

Audubon a raconté, en 1842, comment quelques jaseurs blessés et mis en cage avaient fait si abondamment ripaille de pommes que la suffocation les avait tués au bout de quelques jours. On va jusqu'à dire que les jaseurs peuvent s'enivrer en se gavant de cerises trop mûres. Certains en auraient même vu tomber, les deux tarses en l'air, du haut d'un cerisier! Je donne pour ma part peu de crédit à ces légendes car elles contredisent une des particularités de leur anatomie: le jaseur, à cause de son appareil digestif de frugivore, jouit d'une digestion rapide. En moins de vingt minutes, les repas les plus copieux sont digérés, ce qui les rend tout de suite légers, prêts pour de nouvelles agapes. Les jeunes sont encore plus pressés: en seize minutes, ils ont tout assimilé. Et n'allez pas croire que seuls les fruits les attirent. Ils ont pour les insectes un appétit sans borne. Dans les arbres, ils recherchent avidement les chenilles et pourchassent au sol sauterelles et criquets. Dans les vergers, ils sont infatigables. Ont-ils fini de se repaître des pétales de fleurs, au printemps, les voilà prêts à s'attaquer au si nuisible ver de la pomme. On a calculé que trente jaseurs, en une saison, détruisaient quatre-vingt-dix mille vers. C'est également au printemps qu'ils visitent les érables pour s'abreuver de la sève sucrée.

Manger est si important pour les jaseurs qu'ils transformeront un repas en un jeu collectif tout à fait étonnant. Voici le spectacle dont fut témoin un biologiste du Michigan, à neuf heures du matin, le 25 février 1980. Une troupe de cent jaseurs s'étaient réfugiés au sommet d'un grand arbre. Soudain, une belle neige à gros flocons s'est mise à tomber. Richard Brewer a vu alors les jaseurs quitter leur perchoir et voler dans tous les sens, frénétiques. Que faisaient-ils? Tout simplement, pour jouer ou pour étancher leur soif, ils dessinaient des arabesques de vol pour gober les flocons.

Si jamais un couple de jaseurs décide de nicher près de chez vous, vous aurez peut-être la chance d'assister à une performance qui fait de cet oiseau le seul prestidigitateur du monde ailé. On sait que les jaseurs nourrissent leurs nouveaux-nés d'insectes servis par régurgitation. Au bout de quelques jours, ils ajoutent des fruits au menu. Mais comment ces fruits sont-ils donnés aux jeunes puisque les parents ne tiennent jamais rien dans le bec quand ils reviennent au nid? L'expérience vécue par un naturaliste de Toronto, il y a quelques années, nous dévoile le secret. M. Shore avait installé son appareil-photo près d'un nid où se trouvaient des jeunes. Caché tout près, il surveillait. Dans ses longues-vues, il voit soudain un des parents arriver au nid, le bec vide. Pourtant, les oisillons adoptent tout de suite la position classique de quémandage: cou tendu, bec jaune déployé. Sur le moment, Shore plaint leur optimisme excessif, mais quelle n'est pas sa surprise de voir l'adulte amorcer un étirement du cou, faisant surgir une cerise bien rouge au bout de son bec. Un autre roulement de la nuque: une seconde cerise apparaît. Sept fois l'oiseau fait naître, comme un magicien, une pièce de monnaie entre ses doigts, une cerise dans son bec. Et ce n'est pas tout: à bout de réserves, l'oiseau s'envole, remplacé sur le champ par le conjoint qui exécute le même numéro.

Tout est raffinement, donc, chez les Jaseurs des cèdres. On explique leur manque d'agressivité par le fait que leur nourriture favorite est si abondante qu'ils ne sont pas soumis, comme tant d'autres, aux bassesses de la compétition. Le fait également que leur vol rapide les amène en peu de temps vers de nombreuses réserves de nourriture les soustrait à la nécessité de défendre âprement un territoire près de leur nid.

Seraient-ils moins enclins à la paix, moins portés sur les jeux collectifs, les jaseurs continueraient encore de nous fasciner par le code raffiné de galanteries qui semble présider à leur langage amoureux. Certains esprits rigides ont coutume de fustiger les audacieux qui prêtent parfois aux animaux des émotions et des comportements réservés aux seuls humains. Mais qui déniera aux jaseurs un mélange de douceur tremblée et d'affabilité joueuse qui semble les pourvoir de ce que nous appelons «une bonne nature»? Ce sont des oiseaux bien nés, doués pour le vagabondage et la confiance. Leur présence apaise comme un baume.

BOIS DE MUSIQUE

A pprendre à redécouvrir les réalités les plus humbles qui peuplent notre décor, n'est-ce pas un art de vivre? Les arbres, par exemple, deviennent avec le temps des présences si coutumières que nous n'osons plus porter sur eux le regard du naïf, le seul pourtant à pouvoir sans effort aiguiser notre curiosité. Comment voir vraiment les arbres? Je vous propose d'acquérir l'*esprit de Deborah.*

Deborah est une femme inuit dont l'histoire — peu importe qu'elle soit véridique ou imaginée — est racontée par Gabrielle Roy dans *La rivière sans repos.* Un jour, Deborah tombe malade. Un avion vient la chercher pour la transporter de l'Arctique jusqu'à un hôpital de la grande ville du Sud. Pendant une courte escale à Kuujjuak, dans le nord du Québec, elle tombe sous le charme d'êtres étranges qui se tiennent en ligne au bord de la piste. «C'étaient des espèces de petites créatures vertes qui ployaient avec le vent, s'agitant presque sans arrêt. Sans doute étaient-ce ce qu'elle avait entendu nommer des arbres?» Plus tard, à mesure que l'avion volera vers le sud, la femme découvrira par le hublot ces êtres merveilleux «chargés d'une surprenante vitalité» que sont les longues épinettes et les premiers grands érables. Ce regard-là est peut-être celui qu'il convient de mettre en soi pour recevoir le monde comme une ivresse, pour voir enfin ce qu'on a désappris à regarder.

Dans notre pays, y a-t-il quelque chose de plus ordinaire qu'une épinette? Arrivera-t-on à nommer arbre plus humble, plus modeste, plus disgracieux qu'une Épinette noire — ce tronc sans nuance hérissé de branches lourdes, hirsutes — l'arbre le plus abondant de la forêt canadienne? Peut-on concevoir qu'à la vue de ce chicot un être normal puisse atteindre le comble de la joie?

Jacques Rousseau, botaniste et ethnologue, voyageait dans la vaste toundra subarctique en compagnie de guides montagnais. Pendant des semaines, il avait circulé à travers le pays de la terre sans arbres. Puis un matin il a vu «sur une crête, les premiers arbres vivants, verts, droits comme des mâts, toute une rangée». Avec les Indiens, il a crié: «*Cheche-katouk!*» (l'Épinette noire!) Évanouie la nostalgie des conifères glauques. Ces premiers arbres sont des êtres qu'on retrouve avec allégresse après une longue absence. Si l'on découvre l'eau par la soif, si l'on apprend la paix en comptant ses batailles, comme l'exprime Emily Dickinson, on apprend la beauté des arbres par l'absence d'arbres. C'est ainsi qu'il faut comprendre la joie du marcheur amérindien qui revoit, après des semaines d'errance sur les plaines tremblantes, les épinettes familières.

Voici une autre histoire que m'a racontée un ami cinéaste. Cet hiver-là, avec des Montagnais, il recueillait des images dans le nord du Québec. La petite caravane formée d'hommes, chaussés de raquettes, et d'un traîneau tiré par des chiens traversait un lac gelé, entouré d'une immensité blanche. Soudain la caravane s'immobilise, les cordeaux se relâchent, les chiens s'assoient. Deux Montagnais, de leurs pas courts et rapides, quittent le lac, grimpent sur une petite colline et disparaissent. Au bout de quelques minutes, on les voit revenir tenant, au bout du bras levé, la tête d'une épinette noire particulièrement bien fournie, un noir plumeau de rameaux serrés. En silence, les Indiens plantent la tête d'épinette dans la neige, au milieu du lac, et y mettent le feu.

Tous s'assoient en cercle autour de l'arbre embrasé et le regardent brûler. Faut-il parler d'émerveillement? On assiste en tout cas à la fête des retrouvailles avec l'arbre, le bon génie qui donne le bois, la chaleur, la lumière.

* * *

Au Canada, la forêt, qui recouvre près de trois millions de kilomètres carrés, constitue le dixième de toutes les forêts du monde. On y dénombre cent trente-six espèces d'arbres indigènes. Les conifères abondent dans ce pays occupant la zone dite de taïga, qui touche à la toundra, et qui jouit d'un climat continental aux hivers relativement froids. C'est le milieu de prédilection des arbres aux aiguilles toujours vertes.

Les conifères les plus nombreux sont les épinettes, groupées en cinq espèces différentes, les plus communes étant l'Épinette noire et l'Épinette blanche. (L'Épinette rouge, le «violon» des Gaspésiens, est en réalité le Mélèze laricin, le seul de nos conifères à perdre ses aiguilles en hiver.)

Ces arbres du genre *picea*, les Français les nomment aujourd'hui *épicéas*. D'où vient alors le mot «épinette», en usage au Québec depuis le XVIIᵉ siècle? À l'époque où nos ancêtres colonisèrent l'Amérique du Nord, les conifères étaient appelés chez eux «sapinette» et «pinette». En découvrant ici des arbres différents des sapins par la texture de l'écorce et par la taille des aiguilles, ils ont utilisé spontanément le mot «pinette», qui s'est transformé en «épi-nette», sans doute après avoir observé que les feuilles persistantes de ces arbres sont de courtes aiguilles arrondies, piquantes comme des épines, placées tout autour du rameau, alors que les feuilles du sapin sont plus longues, plates, molles et disposées sur des plans opposés, comme les barbes sur le tuyau de la plume.

Si le botaniste peut établir de nombreuses différences entre l'Épinette noire et l'Épinette blanche, le profane, pour sa part, arrive à distinguer assez bien les deux essences grâce à leur seul profil, l'Épinette noire étant plus étroite, plus rachitique, et présentant une tête en forme de balai. Si l'Épi-nette blanche est surtout maritime, sa congénère préfère les sols tourbeux de la grande forêt du Nord.

Arbres nombreux, arbres anciens. Quand le glacier qui recouvrait tout le territoire du Québec actuel, il y a trente mille ans, s'est retiré, il découvrit un sol propice au regain de certaines essences. Les épinettes furent, comme l'écrit Marie-Victorin, «les premières unités militantes de la forêt canadienne».

Arbre ancien, arbre indispensable. Il suffit de savoir que plus de la moitié des journaux imprimés dans le monde le sont sur du papier fabriqué avec le bois blanc et inodore de nos épinettes; il n'est pas inutile non plus de rappeler que les charpentiers manient chaque jour, pour la construction des maisons, ce bois léger, fort, et qui tient bien les clous. Mais sait-on que les tuyaux d'orgue et les tables d'harmonie des pianos contiennent ce même bois tendre qui, mieux que tout autre, transmet les vibrations sonores?

On a du mal aujourd'hui à imaginer l'importance de l'épinette dans l'histoire de ce pays. Pas une partie de l'arbre qui n'ait eu son utilité.

Les racines tout d'abord. Bouillies et macérées avant d'être séparées en deux avec les dents, elle servaient aux Amérindiens à fabriquer le *watap*, cette souple lanière retenant ensemble les feuilles d'écorce de bouleau. Et comment étanchait-on le canot d'écorce? Avec la gomme d'épinette, une résine que l'on faisait chauffer et qu'on mélangeait à la graisse animale.

Regardez bien l'écorce grisâtre de l'épinette. Vous verrez perler sur toute sa surface des gouttes d'un liquide épais, sirupeux, jaunâtre, qui s'est crevassé en durcissant. Cette substance, contenant une cire dure diluée dans une térébenthine, est utilisée depuis longtemps dans la fabrication des vernis et des peintures. La cire, elle, bien sûr, devient cierge et bougie, mais, comme elle a la propriété de sécher très rapidement, elle est incorporée aux encres d'imprimerie. Voilà notre épinette doublement présente dans les journaux!

La gomme d'épinette a toujours occupé le haut rang dans la pharmacopée populaire. Des textes du XVIIe siècle nous apprennent que les indigènes s'en servaient comme purgatifs et que les colons français avaient appris à l'utiliser pour hâter la cicatrisation des plaies. Elle apportait grand soulagement, dit-on, dans les cas de brûlures graves. Aux infortunés lombalgiques, aux courbés du tour de reins, il était prescrit d'avaler tout rond un peu de gomme d'épinette enrobée de pain mouillé. Faute de l'avaler, on pouvait toujours ruminer la dite résine. Ancêtre de la gomme à mâcher, ce masticatoire naturel était d'autant plus précieux qu'il était, au contraire du chiclé, antiseptique et antiscorbutique.

Et faute d'en mastiquer la gomme, faute de travailler son bois, de tresser ses racines, on pouvait toujours faire bouillir ses aiguilles et préparer une fermentation qui prit vite le nom de «petite bière». Pendant des siècles, au Québec, la boisson la plus fréquemment servie aux repas était la bière d'épinette. Non seulement on la trouvait sur les tables les plus humbles, mais les gens de qualité eux-mêmes, selon le botaniste Pehr Kalm, «en faisaient leur boisson courante et s'en trouvaient fort bien». Rafraîchissant, nourrissant, économique, moins spiritueux que la bière de houblon, ce breuvage pétillant, doué de vertus diurétiques, salutaire, semble-t-il, pour les maladies de reins, possédait aussi des propriétés apéritives, à cause de son amertume légèrement acidulée.

Je ne regrette pas la disparition de la petite bière. L'épinette a bien d'autres ivresses à nous offrir. Si elle porte la musique dans la légèreté de son bois, elle la dispense également par les nombreuses espèces d'oiseaux qui vont nicher dans le réseau serré, sécuritaire, de ses peuplements touffus et qui parsèment la grande «pessière» nordique des chants les plus allègres. Dans les bois humides, paradis des geais et des tétras, monte le chant serein des grives, circulent les phrases des fauvettes infatigables, claironnent les pinsons du Nord pendant que les roitelets, de la cime des hauts fûts, déroulent un des airs les plus revigorants du monde. Porteuse de musique, l'épinette est aussi support des savoirs. Le livre que vous lisez en ce moment a sans doute été imprimé sur ses fibres.

DES BISETS SUR LE BITUME

*P*ermettez-moi de vous faire une confidence: il est déjà arrivé que des oiseaux soient venus me parler! Ce n'est pas tant le contenu de la communication qui m'a bouleversé que le message lui-même, ou ce que, moi, je me plaisais à considérer comme un message. En ce temps-là, je présentais à la radio une série d'entretiens sur les oiseaux. Eh bien, vous serez sans doute étonnés d'apprendre que la préparation de plusieurs de ces émissions a provoqué dans ma vie des coïncidences pour le moins troublantes. Je me préparais, par exemple, aux premières heures du jour, à rédiger le texte d'une émission quand, soudain, l'oiseau même dont j'allais parler se faisait entendre ou, mieux, m'apparaissait.

C'est ainsi qu'un matin de juillet 1979 j'étais à écrire sur le Grand Héron devant une fenêtre qui s'ouvre sur une vaste batture près du fleuve. J'allais, au détour d'un paragraphe, décrire brièvement le Bihoreau à couronne noire, un cousin du Grand Héron, quand, en levant les yeux sur le paysage, je vis apparaître *cet oiseau* qui, à quelques mètres de moi, atterrit dans les herbes pour pêcher. Vous me direz: oui, tout cela est normal, puisque vous vous trouviez dans un lieu où les oiseaux abondent. Écoutez bien la suite. Le 8 juin 1980, j'étais, *en pleine ville*, en train d'écrire sur le Viréo aux yeux rouges. À 16 h 10 exactement, j'allais quitter ma table, le temps d'écouter un disque contenant le chant de cet oiseau, quand la fenêtre ouverte laissa soudainement entrer un ramage qui faillit me déloger le cœur. Croyez-le ou non, le Viréo était là, dans le grand chêne dont les branches, sans l'écran des vitres, me frôleraient presque la nuque. Je me souviens de l'émotion qui m'habitait à ce moment-là: je me suis senti infiniment encouragé dans mon travail, comme si le visiteur venait de me lancer un clin d'œil de complicité secrète.

Ce n'est pas tout! Le 21 août 1981, je me rendais au

studio pour l'enregistrement d'une émission consacrée au Jaseur des cèdres. Je n'aurais jamais osé avouer la déception qui me tenait: pourquoi ne s'était-il pas encore montré, lui, pourtant si abondant autour de chez moi à cette époque de l'année? En sortant du bureau de poste, situé sur une rue passante, mon attention est tout à coup attirée par un léger grésillement, une vibration susurrante venant d'un arbre tout près. C'était une petite bande de jaseurs qui voyageait dans la ville ce matin-là.

Ces coïncidences mystérieuses, je les ai vécues surtout avec les oiseaux. Pour ce qui est des mammifères, c'est une autre histoire. Ici le hasard se fait plus discret, mais il sait de temps à autre venir pointer son museau. Aujourd'hui, 28 septembre 1983, je me suis levé tôt pour écrire ce texte où je tenterai de raconter la vie sauvage dans la ville. Qu'est-ce que j'apprends au premier bulletin de nouvelles? Un orignal, pesant quelque quatre cent cinquante kilos, est en train de circuler paisiblement dans les rues encore désertes de la ville de Lévis. Ceci me ramène six semaines plus tôt. Un matin du mois d'août, j'étais en ville. Je travaillais à la deuxième émission de *L'œil américain,* au cours de laquelle je faisais entendre le bramement émouvant de l'Élan d'Amérique. Forte animation tout à coup chez mon voisin, à laquelle, *hélas!* tout à ma concentration, je ne prête pas attention. Je continue à travailler, le nez dans mes cahiers. À midi, en sortant prendre l'air, j'apprends que ma voisine, assise dans son jardin, avait failli mourir d'effroi en voyant un énorme orignal surgir au-dessus de la clôture et atterrir dans le jardin à un mètre de sa chaise longue. L'animal avait léché un moment la blessure qu'il s'était faite en brisant les planches de la clôture, longé la maison, sans prêter la moindre attention à la propriétaire, débouché dans la rue *exactement sous ma fenêtre*, traversé chez le voisin d'en face où il avait poursuivi son excursion deux ou trois rues plus loin pour se réfugier finalement dans une piscine.

Morale de l'histoire: même en pleine ville, quand vous écrivez sur les animaux, jetez de temps à autre un coup d'œil américain par la fenêtre. Car la ville réserve des surprises. La nature la plus sauvage peut faire irruption dans votre intimité.

Mais, au fait, que venait donc faire cet orignal au milieu des voitures et des feux de circulation? Je propose une explication: vers la fin de l'été la femelle orignal chasse le jeune qu'elle a mis bas un an et demi auparavant. Elle estime qu'il est assez grand pour prendre sa place dans la nature. Mais où dénicher une «aire vitale» quand chaque adulte défend son espace? Ce jeune orignal en quête d'un territoire vacant se voit obligé en fin de compte de se rapprocher des lieux habités. Pris en chasse par les chiens errants, il peut traverser le fleuve à la nage et gravir la colline de Québec. Il va sans dire que la Vieille Capitale est plus exposée que Montréal, par exemple, à ce genre d'irruption: la grande nature sauvage est pour ainsi dire aux portes de la ville.

Le raton laveur

L'orignal n'est pas le seul mammifère à visiter le monde urbain. Plusieurs d'entre vous ont déjà eu la surprise en sortant, le soir, de voir un animal noir, de la dimension d'un gros chat, portant une longue raie blanche sur le dos, traverser la rue en se dandinant. Vous avez bien fait de rester en retrait, car la mouffette ne lésine pas. Cet animal raffiné, intelligent, prend la vie de manière détendue, sachant la puissance de son arme odoriférante. Et combien d'entre vous ont eu l'heureuse ou dramatique surprise de constater que leur garage avait été choisi entre plusieurs pour servir de gîte à une famille de ratons laveurs!

Et que dire de tous ces petits rongeurs qui ont élu domicile dans la cité des humains: le Rat de Norvège qui peuple le sous-sol, l'Écureuil gris qui niche dans la cime des arbres, la souris, la chauve-souris? Et des milliers d'espèces d'insectes? Eux aussi constituent la vie sauvage de la ville.

* * *

C'était, il y a quelques années, un soir très doux comme seul le mois de juillet peut en offrir. Dans la cour du Petit Séminaire, à Québec, une foule importante s'était réunie pour assister à un spectacle de poésie et de musique auquel je participais. Mon tour venu, je m'avance au micro, les jambes à demi liquéfiées par le trac, et me prépare à parler. Une voix familière, venue du ciel, commença tout à coup à lancer des signaux. Je me sentis rassuré, j'avais des accompagnateurs. C'étaient des engoulevents qui chassaient les insectes que l'air réchauffé de la ville hissait dans les hauteurs de la nuit.

L'Engoulevent d'Amérique est un de ces oiseaux bien adaptés au milieu urbain. Dès les premières heures de la soirée, on les voit dessiner leur vol erratique haut dans le ciel en émettant une série de *pint* nasillards. Ils se reconnaissent à leur couleur sombre, à leurs longues ailes effilées traversées près de l'extrémité par une bande blanche. Soudain, un des oiseaux descend en piqué et, juste avant de toucher les maisons, remonte vivement en faisant entendre un son qui rappelle le frrr... comique d'un ballon qu'on dégonfle. C'est sa manière à lui de faire la cour à sa partenaire. Qu'est-ce qui attire les Engoulevents dans nos cités? Les insectes bien sûr, mais surtout ces merveilleux lieux de ponte, éloignés de ses ennemis naturels, que représentent les toits plats des maisons recouverts de gravier. Ces lieux rappellent exactement ses endroits traditionnels de ponte, l'Engoulevent nichant directement sur le sol.

En fait, le seul inconvénient de ces domiciles urbains, c'est la chaleur qui peut y régner lors de la canicule. Par une température qui peut atteindre 60 °C (140 °F), les œufs cuisent littéralement dans le goudron.

Les toits plats recouverts de gravier n'attirent pas que les engoulevents. De plus en plus souvent, on signale la présence de Pluviers kildir en train de nicher et d'élever leurs jeunes sur le toit des maisons de ville. On sait que ces oiseaux nichent directement sur le sol, le plus souvent dans un champ abandonné ou même labouré.

Dans certaines villes côtières des États-Unis, on rapporte que des sternes ont appris à poser leurs œufs sur le toit des édifices. Je ne serais pas surpris d'apprendre un de ces jours que les goélands qui, soit dit en passant, se font de plus en plus citadins, aient commencé à faire de même sur le toit des maisons.

* * *

Voici une autre histoire de toit. Il s'agit de la plus haute terrasse de Montréal, l'Altitude 737 de Place Ville-Marie. Le 18 août 1978, le temps était maussade. J'étais avec des amis en train d'admirer la ville, à nos pieds, quand une dizaine de petits oiseaux noirs, en forme de cigares avec des ailes, se mirent à décrire autour du gratte-ciel une sarabande endiablée. L'extraordinaire vélocité de leur vol nous les fit reconnaître comme des Martinets ramoneurs en migration automnale. On les appelle «ramoneurs» parce qu'ils ont coutume de nicher dans des cheminées désaffectées, faute de quoi ils choisissent des entre-toits, des clochers, des tours.

Pendant les soirées chaudes de l'été, au moment où les petits insectes sont happés par les courants chauds ascendants, ils tournoient en bandes au-dessus des maisons en lançant des cris coupants comme des lames. Leur vol peut atteindre la vitesse de cent cinquante kilomètre à l'heure. Ce qui en fait un des oiseaux les plus rapides du monde.

Puis tout à coup, quand l'obscurité se fait plus dense, les martinets disparaissent aussi rapidement qu'ils sont venus. Ils sont allés dormir. C'est un spectacle saisissant de voir une volée de martinets s'engouffrer dans une cheminée ou un arbre creux. La bande se met à tourner à grande vitesse autour du dortoir. Un oiseau soudain quitte le groupe et, en une fraction de seconde, ferme les ailes et se laisse tomber dans le trou, aussitôt suivi par un autre et un autre, et ainsi de suite.

Dans toutes les villes d'Amérique que j'ai visitées pendant l'été, j'ai toujours été heureux de voir et d'entendre voler, le soir, des Martinets ramoneurs. Eux aussi font partie de la vie sauvage de la ville. Comme plusieurs autres espèces d'oiseaux d'ailleurs: on estime à cent cinquante le nombre d'espèces que l'on peut observer à Montréal et à Québec pendant une année. La plupart, bien sûr, se rencontrent lors des migrations d'automne et de printemps. Mais ils sont quand même là!

Immanquablement, chaque année, au mois d'avril, j'attends que se manifeste un des plus claironnants parmi les signaux de la bonne saison. Cela se produit généralement le soir, vers six heures. Dans un arbre, près de la maison, en ville, un oiseau se met à chanter. Le Merle d'Amérique vient d'arriver: le printemps peut vraiment s'installer. Ce chant a pris pour moi valeur de libération. Cela aussi, c'est la vie sauvage de la ville. Cela et le pépiement affirmatif du moineau, les sifflements grinçants de l'Étourneau sansonnet, le roucoulement du pigeon.

Le merle

Je vous ferai une autre confidence: j'aime les pigeons. Et je ne suis pas le seul. Des milliers de personnes à travers le monde les affectionnent, et cela, depuis Noé, qui fut le premier colombophile. Ils sont, encore aujourd'hui, un vénération chez les musulmans parce que Mahomet chérissait un pigeon qu'il avait dressé à venir saisir un grain de riz dans son oreille.

Le Pigeon biset (le nom lui vient de sa couleur bise: d'un gris tirant sur le brun) est sans doute le premier oiseau à avoir été domestiqué par l'homme. Peut-être même avant la poule. Cette domestication est d'un genre très particulier: à cause de ses grandes facultés de vol, cet oiseau a toujours gardé son indépendance. En fait, les pigeons qui volent au-dessus de nos têtes, en ville, se sont très peu éloignés du type sauvage qu'on rencontre encore sur certaines falaises des côtes européennes. C'est là, à l'origine, sur ces rivages escarpés, que les pigeons nidifiaient. Leur contact avec la ville a été d'abord établi en Inde. Les premiers oiseaux citadins sont ceux-là mêmes qui se rassemblèrent autour des temples et des mosquées de la péninsule asiatique. Les pigeons qui volent autour de nous sont les descendants sans attache d'oiseaux échappés jadis des pigeonniers. La ville, avec ses gratte-ciel et ses édifices à corniches, est le site qui ressemble le plus à leur milieu d'origine. Entre une falaise et un gratte-ciel, il y a peu de différence pour un oiseau.

Pourquoi est-ce que j'aime les pigeons? À cause de leur cerveau! Dans leur tête est logée une remarquable faculté qui les rend capables de retrouver leur chemin, sur un sol étranger, à de très grandes distances souvent. Ce phénomène, on l'appelle en anglais: le *homing*. Il s'agit de la forte attirance qu'exerce sur le pigeon le lieu de sa naissance. C'est cette fidélité indéracinable à un lieu fixe qui a permis d'ailleurs leurs domestication.

On ignore comment fonctionne cette mystérieuse faculté cérébrale. Se guideraient-ils, malgré la distance et les obstacles, d'après la hauteur du soleil? Possèdent-ils une sorte de mécanisme interne leur permettant de déterminer l'heure du jour, l'angle et la position des astres?

J'aime les pigeons parce que j'aime leur vol rapide et très gracieux. À la prochaine occasion, remarquez bien la manière personnelle qu'ils ont de ramener les ailes en V au-dessus du dos en planant: on dit qu'ils «font l'ange».

Je vous dirai enfin pourquoi j'aime les pigeons. Parce que je garde en mémoire plusieurs petites scènes qui mettent en présence oiseaux et êtres humains. Je revois ce petit parc situé en plein centre-ville de Montréal. Sur un banc est assis un homme qui ne doit pas avoir beaucoup d'occasions de plonger en pleine nature. Il tient sur ses genoux un sac contenant des morceaux de pain. À ses pieds, quelques pigeons lui font l'honneur de leur familiarité.

À bien observer le visage de ce vieillard, on devine que circule en lui quelque chose de léger et de grave, une chaleur peut-être. S'agit-il de ce mélange grisant de crainte et d'exaltation qui nous visite quand l'animal sauvage se rapproche de nous? La confiance fait toujours exulter.

LE TIGRE D'EN HAUT

à Luc Lacourcière

*L*e Professeur vivait retiré, sur un promontoire domi-
nant le fleuve, dans une jolie maison ancienne où il
faisait collection de tous les ouvrages, grimoires et légen-
daires consacrés aux animaux. Je lui rendais visite parfois,
attiré par le plaisir de l'entendre puiser dans sa vaste mémoire
les souvenirs de ses enquêtes chez les conteurs populaires.
Un jour que je lui faisais part de mon intérêt pour les oiseaux
nocturnes, il m'invita simplement à m'asseoir devant la che-

minée, il se cambra dans l'autre berceuse et me livra ce qui va suivre.

Il était une fois un roi, parti chasser sur ses terres, qui revenait bredouille au château. Il aperçut en travers de son chemin, sur une branche basse, un gros oiseau gris qui le fixait de ses yeux de chat. C'était un hibou, un Grand Duc. Le roi épaula aussitôt son long fusil.

— Toi, malheureux, tu ne verras pas le jour de demain!

Il va tirer, quand il entend une voix grave lui crier:

— Non, non, ne tirez pas!

— Et pourquoi je ne tirerais pas? Tout ce qui vit sur mes terres m'appartient.

— Si tu tires, dit calmement le hibou, tu vas rentrer sous terre.

Le roi fait feu. À l'instant même il cale dans le sol jusqu'aux genoux. Il épaule de nouveau.

— Si tu tires, tu vas entrer sous terre jusqu'à la ceinture, dit l'oiseau.

Mais, n'écoutant que sa rage, le roi tire. Et il s'enfonce jusqu'à la ceinture. Toujours sur sa branche, avec toutes ses plumes, le hibou murmure:

— Si tu tires encore, tu vas caler jusqu'aux épaules!

Fou de colère, le roi décharge son arme et aussitôt s'enfonce dans le sol jusqu'au cou. Il est bien mal pris maintenant; il ne peut même plus braquer son arme. C'est alors que le Grand Duc lui dit:

— Je peux te sortir de là, mais à une condition: que tu me promettes ta fille en mariage.

Le roi avait trois filles. La seule qui accepta d'épouser un hibou était la cadette, laquelle était par ailleurs la plus tendre et la plus belle.

Le matin des noces, on prépara un grand festin. Tout le monde était à table dans l'attente du fiancé. Imaginez la stupeur générale quand le hibou entra en volant et vint se poser sur le dossier du fauteuil qu'on lui avait réservé à la table d'honneur. La fête commença. La princesse, qui ne montrait nulle frayeur, offrait à son conjoint les meilleurs morceaux de viande, qu'il engloutissait d'une seule bouchée dans son bec crochu.

Le soir venu, les amoureux s'enfermèrent dans la chambre nuptiale. La princesse eut alors la surprise de voir le hibou quitter son plumage pour se transformer en un prince aussi beau qu'attentionné. Il lui dit:

— Préfères-tu que je sois hibou le jour et prince la nuit ou bien prince le jour et hibou la nuit?

— Je préfère hibou le jour, assura la princesse. Et ils se couchèrent.

Dans la chambre du roi, la reine est inquiète. Elle imagine sa fille en train de se faire lacérer par les griffes et le bec de l'oiseau. Bravant les interdits du roi, elle pénètre silencieusement dans la chambre nuptiale et découvre au pied du lit la dépouille du Grand Duc, qu'elle s'empresse de jeter au feu. Au réveil des époux, le lendemain matin, le hibou s'écrie:

— Nous avons été trahis. Le mauvais sort qu'on m'a jeté il y a des années n'est pas terminé. Je dois partir. Mais toi, ma femme, mon amour, tu devras marcher pendant sept ans et user sept paires de souliers aux semelles d'acier avant de me retrouver.

Sur ces mots, il aperçoit dans le foyer une toute petite plume épargnée par les flammes. Il l'offre à la princesse.

— Quand tu seras en difficulté, tu frotteras cette plume contre ta main et tu feras un vœu. Tes désirs seront comblés.

Et le prince s'en alla vers son destin. L'histoire se continue évidemment et elle se transforme en une variante de *La belle et la bête*, chargée d'aventures merveilleuses.

Si je vous ai raconté cette histoire, c'est, je l'avoue, parce que les hiboux, et tout spécialement le Grand Duc, ont de tous temps et dans tous les pays à ce point enflammé l'imagination qu'ils sont les oiseaux les plus souvent utilisés dans les contes et les légendes. Cela se comprend. Les oiseaux

Le Grand Duc

nocturnes excitent la crainte instinctive qu'ont les humains de la nuit. Leurs yeux, leur voix, sont chez les oiseaux les traits qui rappellent le plus ceux des humains. Cette question est intéressante (j'en traiterai plus tard) mais, pour le moment, revenons à notre conte merveilleux.

Quand le Professeur me raconta la scène du repas de noces où l'on voit le hibou venir se poser sur le dossier du fauteuil, je n'ai pu m'empêcher de revivre un événement personnel que j'ai noté dans mes carnets de 1972. Cet été-là, dans le parc des Laurentides, au nord de Québec, j'avais fait la connaissance d'un forestier qui avait un camarade du nom de Boubou. C'était un Grand Duc âgé de quatre mois, qui commençait à chasser par ses propres moyens. Cueilli sur le nid, il manifestait à l'égard des humains une confiance

naturelle. Je me souviens d'avoir été fort impressionné le jour
où mon ami, au bord d'un lac, siffla plusieurs fois d'une
manière particulière. Il ne fut pas long qu'un gros oiseau
gris-brun au plumage finement rayé sur la poitrine vint se
poser sur son épaule en lançant d'énergiques claquements du
bec qui, paraît-il, m'étaient destinés. Ils signifiaient une certaine crainte devant l'inconnu. Je me souviens avoir remar
qué les serres noires acérées comme des lames, le bec
fortement crochu, à demi caché par la moustache de vibrisses
foncées. Je revois comme si c'était hier les deux aigrettes en
oreilles de chat et surtout les grands yeux jaunes dont la
pupille dessinait un point minuscule dans la masse de l'iris.
Jamais je n'ai vu d'aussi près l'œil d'un hibou à l'état sauvage.
Avec le temps j'appris que cet organe est une des merveilles
du monde animal.

Contrairement à la croyance populaire, le hibou voit
aussi bien le jour que la nuit grâce aux possibilités d'accom-
modation de son œil. Dans l'obscurité la pupille se dilate jusqu'à occuper l'ensemble de l'œil, permettant à la rétine de
recevoir le maximum de lumière. À mesure que la nuit
recule, la pupille se contracte de manière à laisser juste ce
qu'il faut de lumière pour que l'image s'imprime sur la
rétine. En pleine lumière la pupille devient si petite que seul
l'iris jaune éclaire dans les grands disques faciaux. On sait
également que la rétine de cet œil est formée d'un grand
nombre de cellules allongées fort sensibles à la lumière. En

revanche, les cellules de forme conique, sensibles aux couleurs, sont moins abondantes, de sorte que le hibou reçoit de la réalité des images en noir et blanc. Bref, pour voir, un hibou a besoin de cent fois moins de lumière qu'un humain. La flamme d'une chandelle placée à cent cinquante mètres en pleine noirceur lui suffit pour voir parfaitement ce qui se passe au sol. Dans la nuit absolue, un hibou ne voit rien; mais un autre trait singulier de sa constitution le rend quand même apte à la chasse. Nous y reviendrons.

Plusieurs jours de suite je suis allé rendre visite à Boubou le Grand Duc. Une fois, je l'ai vu chasser un écureuil qui faisait le beau sur une corde de bois. L'oiseau quitta le toit d'un camp de bois rond et, au terme d'une glissade tout à fait silencieuse, étendit les serres, courba son corps vers l'arrière et, avec une aisance naturelle, sans violence ni spectacle, les referma sur le rongeur. D'un coup d'aile il reprit de l'altitude pour revenir sur le toit où il avala sa proie la tête la première. Le lendemain, au pied de la bâtisse, on trouva la boulette de régurgitation qui contenait la fourrure, les os et le crâne intact de l'écureuil.

J'ai revu le Grand Guc, pour la dernière fois, dans une circonstance cocasse qui n'est pas sans rappeler une des scènes du conte merveilleux. Je roulais, un après-midi de fin d'été, en pleine ville de Québec. À un feu de circulation, une petite Austin freina à ma hauteur, sur ma gauche, et klaxonna. En tournant la tête, je reçus un coup d'émotion:

sur le dossier de la banquette droite était perché nul autre que Boubou, fasciné par le spectacle de la rue, devant lui. Je l'ai salué. Je ne l'ai plus jamais revu. Trois mois plus tard, il tombait sous les balles de chasseurs qui l'avaient sans doute confondu avec un orignal!

Boubou, d'une certaine manière, m'aurait-il porté chance? Les hiboux en tout cas passent régulièrement dans ma vie, comme en fait foi cette visite inattendue qui nous arriva un soir de l'été dernier.

À la fin d'août déjà la noirceur vient plus vite. J'étais sorti ce soir-là pour inviter Méliane à mettre fin à ses jeux et à regagner le chalet pour la nuit, quand une plainte un peu lugubre là-haut dans la falaise nous figea tous les deux devant la porte. Pour rassurer l'enfant, je lançai tout de suite:

— C'est un Grand Duc!

— Pourquoi il fait *hou-hou-hou*, le monsieur?

— Le Grand Duc n'est pas un homme. C'est une sorte de hibou. Très grand. Très beau. Écoute.

Une douce excitation nous retint sur place dans l'attente d'autres cris.

— Pourquoi il pleure?

— Ce ne sont pas des pleurs, ce sont des ululements.

L'oiseau recommença à crier, mais plus près, me sembla-t-il, transformant les secondes en petites éternités toutes pleines de cette joie fébrile qui nous fait espérer l'extraordinaire. Le soir maintenant éteignait les couleurs autour de nous et seule la tête des arbres, dans l'érablière en contre-haut, se profilait sur la dernière lueur du ciel. Comme un morceau d'ombre détaché de la masse obscure du bois, une forme apparut soudain au-dessus de l'étang. C'était le Grand Duc. Je remarquai la tête ronde, les ailes immenses. Il planait très bas, absolument silencieux, il rasa la balançoire des enfants, glissa vers le pâturage du voisin et se fondit dans la noirceur qui enveloppait les saules au bord du fleuve. Méliane avait saisi ma main. J'eus à peine le temps de lui murmurer: «Regarde!» qu'un autre oiseau de même taille passa devant nous, exécutant sur le même trajet le même vol de coton.

Les ululements alors reprirent en duo, à intervalles de deux ou trois minutes, au loin, vers l'est, puis s'éloignèrent à mesure que la nuit s'épaississait. Par ces cris profonds, les grands arbres noirs se chargeaient de présences magiques. Là-bas on chassait, on appelait, on s'appelait, on vivait intensément.

Méliane était impressionnée. Je dus convenir qu'il y avait dans ce spectacle de quoi troubler l'imagination d'une enfant. Le cri du hibou a toujours fait frémir les âmes simples et les Anciens n'ont pas manqué d'inventer des légendes pour expliquer l'origine de cette plainte qui semble augmenter dans les nuits noires, comme celles d'avant l'éclairage électrique. Voici une de ces légendes, puisée dans le folklore breton.

Un jour, tous les oiseaux furent invités à donner une de leurs plumes au Troglodyte qui avait perdu les siennes. Seul le hibou refusa de prendre part à cette campagne de charité, sous prétexte qu'il ne pouvait ainsi, au seuil de l'hiver, alléger sa vêture. «Très bien, dit le roi des animaux, désormais, Hibou, tu seras le plus misérable des oiseaux, tu grelotteras, tu ne quitteras ton nid que la nuit et si tu oses te montrer au grand jour, les autres oiseaux te persécuteront.» Depuis ce temps le hibou n'a jamais cessé de se plaindre comme s'il était à la veille de mourir de froid.

Cette légende contient un élément de vérité. C'est que le Grand Duc est souvent pris à partie par les oiseaux qui le débusquent en plein jour. Une corneille par exemple, son ennemie de toujours, a-t-elle découvert un hibou figé dans sa cachette qu'elle donne l'alarme. Une bande se forme aussitôt pour houspiller l'oiseau qui observe avec l'œil du philosophe ce spectacle disgracieux jusqu'à ce que, plus las qu'apeuré, il ne s'éloigne.

Le matin du 22 avril 1975, vers sept heures, je me promenais dans le petit bois qui longe le cap Diamant, sur les Plaines d'Abraham à Québec. Dans un arbre qui ombrageait le sentier à quelques pas devant moi s'éleva un remue-ménage de clameurs, de cancans et de froufroutements d'ailes. Je n'ai pas été long à trouver la source de ce tumulte:

trois corneilles étaient à harceler un Grand Duc immobile sur une branche, à demi confondu avec le tronc. Pendant dix minutes, il a essuyé avec calme cette pluie de reproches, puis il s'est envolé. Je l'ai suivi à la jumelle. Il s'est posé un peu plus loin, et la scène a recommencé. Après quinze minutes d'un siège patient, il a de nouveau déménagé jusqu'à ce que je le perde finalement de vue.

Que sait-on du contentieux qui oppose, depuis des millions d'années sans doute, hiboux et corneilles? Elles ont peut-être quelque raison de s'en prendre au plus audacieux, au plus implacable de tous les oiseaux chasseurs d'Amérique du Nord, celui qu'on a qualifié de «tigre du ciel», ayant besoin pour survivre d'avaler plus de cinquante kilos de viande par année. Les corneilles toutefois ne figurent pas à son menu. Ce sont les petits rongeurs qui, le plus souvent, comblent son appétit, bien qu'il ne dédaigne pas les proies plus consistantes. On a trouvé aux États-Unis, dans un nid de Grand Duc, les restes de dix-sept belettes, deux cents mulots, cinquante-cinq rats, neuf lagopèdes, seize lièvres et deux crécerelles. Un porc-épic aurait-il cheminé par là qu'il aurait passé un mauvais quart d'heure, le Grand Duc étant le seul oiseau résolu, fût-ce au risque de sa vie, de s'en prendre à ce sujet épineux. Il ne recule pas non plus devant la mouffette. Des biologistes font état de nids empreints de gaz méphitique. Certains hiboux naturalisés gardent cette odeur pendant des années dans les musées.

Ce qui fait du tigre du ciel le terrible chasseur que l'on connaît, c'est qu'à une vue perçante il joint l'acuité extraordinaire de son ouïe. Non seulement ses oreilles peuvent-elles saisir des fréquences élevées, mais elles lui donnent ce que l'on pourrait appeler l'audition stéréophonique. En effet, chacune des oreilles est placée dans la boîte crânienne sur deux plans légèrement différents, ce qui permet à l'oiseau de percevoir un bruit avec un décalage dans le temps, donc de localiser avec précision la source sonore. Voilà pourquoi les hiboux excellent à chasser dans l'obscurité totale. Ce qui ne saurait toutefois leur épargner quelques humiliantes méprises.

Ce soir-là, vers la fin de l'hiver, les bûcherons se réchauffaient dans leur camp. Surgit soudain dans l'embrasure un retardataire épouvanté qui hurlait qu'un être maléfique lui avait arraché son casque de fourrure. Un autre travailleur, le lendemain soir, connut la même aventure. Le contremaître alors décrocha son fusil, sortit sur le seuil, épaula et tira sur un Grand Duc perché dans un arbre. Ce geste rassura les hommes, mais quelle surprise, trois jours plus tard, au moment où, bûchant un arbre de grande taille, on découvrit à la cime un nid qui contenait deux bonnets de rat musqué!

Que des Grands Ducs se soient déjà attaqués, la nuit, en forêt, à des gens portant des tuques de fourrure, la chose est attestée. Napoléon Comeau, en tous les cas, rapporte comme véridique l'aventure qui arriva, il y a cinquante ans, à un

métis de Godbout, sur la Côte-Nord, qui, à la fin de sa vie, ne sortait en forêt que coiffé d'un chaudron. Le vieux Michel portait une belle chevelure grisonnante et bouclée. «Un soir qu'il était sorti tête nue de son camp, un hibou fondit sur lui en lui enfonçant ses puissantes griffes dans le cuir chevelu. Immédiatement, de ses deux mains, il empoigna l'oiseau par les pattes et essaya de se dégager. Comme l'étreinte le faisait souffrir horriblement, il entra dans son camp et, se baissant tout près du feu, avec l'aide de son fils, il mit le hibou dans les flammes. Le vieux ne sortit plus le soir qu'en se coiffant d'une vieille marmite de cuivre de la Compagnie de la Baie d'Hudson.»

— Ces aventures se font, on dirait, plus rares aujour-d'hui, dis-je au Professeur, qui m'écoutait en tisonnant dans la cheminée.

— Mais, comme elles continuent de saisir notre esprit! Sans doute avons-nous besoin, pour nous justifier au fond de tant de violence à leur égard, de nous inventer des raisons de craindre les bêtes...

Cette longue conversation m'avait mis la tête en effer-vescence. Sur la route du retour, je revoyais en pensée tous les hiboux de ma vie, j'espérais, au prochain été, entendre de nouveau ululer le Grand Duc dans les arbres, au fond de la batture. Ces cris feutrés, ces appels de fond ne sont-ils pas des signes révélant parmi nous des êtres pour qui la forêt est, le jour comme la nuit, une vaste polyphonie de cliquetis, d'imperceptibles couinements, de froissements, de plaintes mêlées à des chants? Le Grand Duc nous invite à ouvrir l'œil, à tendre l'oreille. Veillons.

MAÎTRE DU VENT
FAIT LEVER LES MONTAGNES

*P*ourquoi les enfants ne marchent-ils pas en venant au monde? À cette irritante question, je vais tenter de répondre par la petite histoire qui suit.

Il y avait une fois deux femmes qui promenaient leurs bébés et qui se disaient que les enfants devraient bien marcher dès leur naissance. Pour changer la situation, elles résolurent d'envoyer une pétition au bon Dieu. Les voilà donc dans le jardin, sous un arbre, en train d'écrire la requête. «Mais qui va aller la porter au ciel? — Moi! dit quelqu'un qui se tenait sur une branche au-dessus de leur tête.» C'était un oiseau brun de bonne taille, avec de gros yeux noisette, un bec crochu et de longues serres jaunes. Les femmes, bien contentes, lui remirent la lettre. L'oiseau s'éleva lentement pour disparaître dans les nuages. Quand il revint, le lendemain, il portait la réponse. Dieu était disposé à agréer leur demande, mais à une condition: qu'elles cessent de coucher avec leur homme. Elles refusèrent, mais c'est l'oiseau qui reçut les insultes. On alla jusqu'à le traiter de buse! Et le nom lui est resté. Je vous laisse le soin de croire ou non à la pertinence de cette étymologie; une chose toutefois demeure réelle: il existe vraiment dans notre faune des oiseaux appelés «buses».

Si le mot a pris en français un sens péjoratif, il convient de dire tout de suite que les buses n'ont jamais fait montre de stupidité et d'imbécilité. Au contraire, comme je vais tenter de l'illustrer.

Les buses sont des oiseaux de proie diurnes. Il existe quatre cents espèces de rapaces dans le monde et les deux tiers chassent le jour. Les autres (hiboux et chouettes) œuvrent de préférence la nuit.

Les oiseaux de proie se situent au faîte de la chaîne alimentaire: c'est pour cela qu'ils sont moins nombreux que les autres petits animaux dont ils font leurs proies. Vieux d'au moins cinquante millions d'années, ils constituent le stade ultime de l'évolution chez les oiseaux, d'où la fascination qu'ils exercent sur l'observateur humain.

Comme leurs cousins — les aigles, les faucons, les éperviers, les vautours —, les buses possèdent toutes les armes de l'implacable chasseur ailé: un vol puissant, une vue perçante, un bec crochu, des serres acérées, énergiques.

D'où leur vient ce nom de «buse»? D'un vieux mot français, *busaud,* qui signifie «sot» et «niais». Mais en espagnol *buzo* veut dire: «personne qui a de bons yeux; voleur adroit». Si on a traité cet oiseau de stupide, c'est tout simplement parce qu'on n'a jamais pu le dresser pour la fauconnerie. Cela se comprend: les buses ne chassent pas comme les faucons et les éperviers qui, eux, poursuivent et forcent leurs proies, lesquelles sont surtout des oiseaux. Les buses n'ont pas besoin d'être aussi rapides, aussi adroites que les autres rapaces; leurs méthodes de chasse sont différentes, appliquées à des proies qui vivent au sol. Nous y reviendrons tout à l'heure.

Pour le moment, reprenons notre petite histoire du début. Il y a un élément de vrai dans cette légende: c'est le voyage de la buse partie rencontrer la divinité dans son domaine. Ceci me rappelle un événement que j'ai noté dans mes carnets en date du 5 octobre 1981.

Ce jour-là, à bord d'un piper à quatre places, nous survolions la Haute-Mauricie. Le ciel était sans nuage et nous admirions en bas la forêt dans ses couleurs d'automne. J'eus soudain un coup au cœur! Nous nous dirigions tout droit sur un autre avion qui volait à la même altitude. Le pilote n'amorça aucune manœuvre d'esquive et, bien que tout se soit déroulé en une seconde, les faits, avec leurs détails, se sont gravés dans ma mémoire. L'objet qui venait vers nous planait avec indolence. C'était un gros oiseau brunâtre; je remarquai ses ailes longues et arrondies, sa queue large, ouverte en éventail. Je discernai aussi sa tête d'oiseau de proie: bec crochu, yeux vifs. La collision n'eut pas lieu. L'oiseau frôla l'avion sur notre gauche et continua de planer comme si rien ne s'était produit. Surpris par ma réaction, le pilote me dit avec calme que ces rencontres étaient fréquentes en automne et que lui, personnellement, il avait croisé des buses à plus de sept mille pieds. Après cette aventure, j'ai interrogé des pilotes de planeurs, qui, tous, m'ont avoué avoir rencontré à plusieurs milliers de mètres d'altitude de gros oiseaux de proie qui «spiralaient» avec eux dans les «thermiques», ces courants d'air chaud ascendants. Plusieurs de ces oiseaux sont des buses, spécialistes incontestés, à l'instar des aigles, du vol plané et spiralé dans les hauteurs du ciel.

Il m'arrive souvent, vers la fin septembre, de faire le «pèlerinage des buses», à la Réserve du cap Tourmente. Je me dirige alors au pied de la montagne, j'ajuste mon télescope et je fouille le ciel. Il faut être patient. À l'œil nu, le plus souvent, on ne voit rien. Soudain, dans la lentille, apparaît un oiseau qui plane lentement et qui parfois va se dissoudre dans les nuages. Puis cinq et ensuite dix autres apparaissent dans l'image. En une seule matinée, j'ai compté jusqu'à quarante buses voyageant ainsi au-dessus des montagnes, portées par les «thermiques» et les vents qui ricochent vers le haut sur la falaise. Que font donc ces oiseaux? Ils voyagent. Ils effectuent leur migration automnale vers le sud. Plusieurs espèces de buses peuvent ainsi se côtoyer; on voit même des autours, des busards voler de compagnie avec elles.

C'est en Floride, dans les Everglades, que j'ai fait réellement et longuement connaissance avec une buse. J'avais repéré, à Flamingo Bay, tout près d'un petit chalet habité, un nid de Buses à épaulettes rousses dans un palmier. C'était en mars et le couple avait commencé à faire ses œufs. Incidemment, chez les buses, les couples sont unis pour la vie et reviennent nicher dans le même nid plusieurs années de suite.

Souventes fois dans la journée je rencontrais le mâle qui se perchait à hauteur d'homme dans un arbre, au sud du chemin qui conduisait à un marais rempli d'oiseaux. Je le reconnaissais à sa taille plus petite; chez les rapaces, les mâles sont toujours plus délicats que les femelles.

C'est la première fois que je regardais de si près, à l'état naturel, une Buse à épaulettes rousses. J'essayais de graver ses couleurs dans ma mémoire: poitrine et ventre rousseâtres finement rayés de blanc; épaulettes d'une teinte roux vif;

queue rayée sur le sens de la largeur et plus longue que chez les autres buses.

À l'époque des nids, la Buse à épaulettes rousses est particulièrement bruyante. Si vous circulez dans nos forêts, en mai, ayez l'oreille bien aiguisée, car le cri perçant que vous prêtez parfois au Geai bleu est peut-être celui de la buse.

* * *

Chez nous, la Buse à épaulettes rousses fréquente la forêt de feuillus des basses terres du Saint-Laurent. Quand elle nous revient au printemps, on peut la voir exécuter très haut au-dessus de la forêt ses vols de pariade. Les deux oiseaux montent dans le ciel en décrivant de grands cercles. Soudain, un des oiseaux — la femelle — referme ses ailes et se laisse

tomber en piqué jusqu'à la hauteur des arbres. Elle effectue alors un majestueux *looping* pour reprendre de la hauteur. Son compagnon vient alors la rejoindre et, plusieurs fois, en criant, lui touche le dos du bout des serres.

Les autres espèces de buses pratiquent les mêmes vols périlleux lors de la pariade. La Buse à queue rousse, elle, ajoute une subtilité à ses acrobaties aériennes. On voit les deux oiseaux se saisir par les serres en plein ciel et demeurer ainsi embrassés — j'allais dire embarrassés — jusqu'à ce qu'ils soient arrivés à quelques mètres au-dessus des arbres.

À quel exercice se livrent donc ces maîtres du vent quand ils tournent pendant des heures dans les courants aériens? Une légende veut que les buses tournent là-haut dans le but d'hypnotiser les volailles et de les capturer plus facilement. D'autres ont fait courir le bruit qu'elles se livraient ainsi à une coupable paresse. Rien de vrai dans ces croyances sinon le fait que les buses se préparent à la chasse en effectuant, le matin surtout, une montée tournoyante au-dessus de leur terrain de chasse.

Mais de quoi se nourrissent-elles au juste? Leur surnom américain de *Mouse Hawks* indique bien leurs préférences alimentaires. Les souris, mulots et autres rongeurs constituent soixante-cinq pour cent de leur régime. Elles raffolent également de couleuvres, de grenouilles et de crapauds. Dans le Sud-Ouest américain, la Buse à queue rousse est réputée pour s'attaquer au dangereux serpent à sonnettes. Chez nous, même la terrible odeur de la mouffette n'arrive pas à l'incommoder. Et pourtant on continue à pourchasser ces oiseaux, croyant qu'ils s'en prennent aux volailles et aux oiseaux gibiers. Qu'en est-il exactement? Pour répondre à cette question, voici deux petites histoires éloquentes.

Un jour, un fermier qui possédait une pisciculture apporta à l'ornithologiste Arthur Bent une Petite Buse qu'il avait tuée parce que, selon lui, elle avait volé ses truites. Bent ouvrit l'oiseau, trouva dans son jabot une grenouille récemment avalée et, dans son estomac, une souris partiellement digérée.

Un autre naturaliste, Ellison Smith, raconte qu'un fermier lui apporta une Petite Buse qu'il venait d'abattre sous prétexte qu'elle s'attaquait à ses poulets. Un couple de ces oiseaux avait même établi son nid dans un chêne près de sa maison. Smith disséqua le rapace en présence du fermier et, au grand étonnement de celui-ci, lui révéla que son jabot contenait un jeune rat encore parfaitement identifiable.

Je n'en dis pas davantage: vous avez compris que la buse n'est pas voleuse de poulets. C'est la souris qui l'intéresse et il est bon qu'il en soit ainsi car sans la présence des prédateurs — mammifères et oiseaux —, ces petits rongeurs auraient vite fait de déloger la race humaine de la surface de la terre. Un couple de souris est capable d'avoir dix-sept portées de cinq souriceaux par année, ce petit rongeur atteignant sa nubilité à l'âge de vingt-cinq jours. Si tous ces animaux survivaient, au bout d'un an, nous aurions un million d'individus. Et une population de cette envergure aurait besoin pour se nourrir de vingt-trois millions de livres de matière végétale. Toute la nourriture disponible sur la terre serait vite épuisée. Heureusement, les buses veillent et chassent sans répit, et ce, de deux manières.

La plupart du temps, elles se tiennent immobiles sur une branche ou au faîte d'un arbre à surveiller les environs. Tout à coup, elles quittent leur appui, glissent un moment sur l'air, replient les ailes vers l'arrière, étendent les serres droit devant elles et, dans l'herbe, saisissent le mulot, qui n'a même pas le temps de se demander ce qui lui arrive.

Mais que font les buses quand elles tournoient dans le ciel au-dessus d'un champ en été? Elles pratiquent leur seconde méthode de chasse. Un ornithologue a raconté un jour une expérience qui a le mérite d'illustrer en la résumant la manière époustouflante dont ces oiseaux fondent sur leurs proies minuscules. Un matin, au mois de mai, cet informateur, qui se trouve près d'un champ, aperçoit dans le ciel une buse qui dessine de grands cercles. Chaque spirale lui fait gagner de plus en plus d'altitude. Au bout d'un moment, elle est à peine visible. Elle s'arrête brusquement, referme ses ailes et se laisse tomber jusqu'à un arbre où, avec dextérité, elle se perche sur une branche morte. La vitesse avec laquelle l'oiseau troua l'atmosphère produisit un son qui, semble-t-il, évoqua le bruit d'une chute d'eau dans le lointain. Une seconde après s'être perché, l'oiseau bondit au sol où, à travers les herbes encore sèches, il saisit en un éclair une imprudente souris!

Ces oiseaux ont également un appétit très fort pour les écureuils. Mais un écureuil, c'est agile, c'est du vif-argent. Un écureuil poursuivi, dans un bois, se spécialise dans le jeu de cache-cache autour du tronc des arbres. Il agit de même avec buses et éperviers. Les buses cependant ont trouvé un moyen de le déjouer: elles chassent en couples. Une joue le rôle du rabatteur, l'autre celui du chasseur. Et il est rare, semble-t-il, qu'elles échouent.

Je sais que depuis un moment une question tourmente votre esprit: comment se fait-il qu'un oiseau réussisse à voir une souris depuis une hauteur de plusieurs centaines de mètres? Bien sûr, il faut avoir l'œil. Et il y a long à raconter sur l'œil des oiseaux rapaces! Commençons par la grosseur de l'organe: chez le Faucon pèlerin (un oiseau plus petit que la buse) chaque œil pèse une once: il est donc plus gros et plus lourd que l'œil humain. Si la proportion entre nos yeux et notre corps était la même que chez le Faucon pèlerin, un être humain de quatre-vingt-cinq kilos devrait avoir des yeux de huit centimètres de diamètre et peser deux kilos chacun!

Au chapitre de l'acuité visuelle, nous basculons presque dans l'invraisemblable. On a découvert ces dernières années que les cellules présentes au fond de l'œil du rapace, juste en bas de la rétine, dans une région qu'on appelle chez l'homme la «zone pigmentaire», étaient d'une remarquable densité. À surface égale, la zone pigmentaire chez les rapaces diurnes est garnie de un million et demi de cellules alors que chez l'humain elle en comporte deux cent mille. La vision de ces oiseaux atteint donc une précision huit fois supérieure à la nôtre! Alors qu'à grande distance nous ne voyons qu'un objet flou, l'oiseau en reçoit une vision précise. Et la merveille ne s'arrête pas là!

Si on étudie la rétine d'une buse au microscope, on découvre des sortes de petites sphères jaunes, orangées, rouges, parfois vertes. Ces boules modifient la vision dans la mesure où les couleurs chaudes sont identifiées tandis que les couleurs froides pâlissent et s'éteignent. C'est donc un merveilleux appareil de vérification des couleurs qui garnit le fond de l'œil du rapace: grâce à d'infimes mouvements de la tête ou de l'œil, notre buse, par exemple, regarde les objets à travers les boules de teintes différentes, ce qui lui permet d'apercevoir dans l'herbe un insecte qui se mimétise ou un animal qui se tapit.

«Il n'est, pour voir, que l'œil du maître», écrivait La Fontaine. Maître Buse pourrait répondre, à la suite de Jonathan Swift: «La vision est l'art de voir les choses invisibles.»

Ce qui prouve que les buses ont tout à la fois l'œil et la vision!

Cet attribut ne les empêche pas, encore aujourd'hui, de s'offrir en cibles aux étourdis qui croient que tous les oiseaux de proie sont des aigles, qu'il existe de petits et de grands aigles, que les petits deviennent grands et que tous les aigles survolent la terre en quête de rapines. Ce qu'on oublie généralement, c'est que les prédateurs sont relativement rares dans la vie animale et que c'est cette rareté même qui leur donne du prix. Ils sont rares et parfois inexplicablement confiants. S'il est difficile à l'être humain qui marche à découvert d'approcher un oiseau de proie, il est aisé de le faire sur le dos d'un cheval et plus encore dans une automobile.

Je me souviens d'un matin où j'étais allé observer la migration des fauvettes dans un petit bois que je connais bien dans le centre de l'île d'Orléans. Je venais juste d'arrêter la voiture à la lisière du bois, je me préparais à sortir, quand je flairai tout près une présence inhabituelle. Évitant les mouvements brusques, je tournai la tête vers la gauche et découvris, perchée sur un piquet de clôture, à moins de trois mètres de moi, une magnifique Buse à épaulettes rousses, immobile, le plumage légèrement ébouriffé par le vent. Elle surveillait dans son œil aigu le pâturage qui s'étendait devant elle. Pendant quinze minutes, je l'ai regardée, détaillée, admirée. C'est son œil surtout qui m'attirait, son gros œil couleur noisette capable de tout voir. Bien sûr qu'elle m'avait aperçu. Mais elle n'en faisait aucun cas puisque dans ses stimuli de défense l'apparition d'une voiture n'égale pas automatiquement *danger*.

Puis elle s'envola, tourna un moment au-dessus du pré et gagna l'orée du bois. J'ai pensé à ce moment-là à cette phrase de Simone Jacquemard :

> *Pour le promeneur, cette apparition rare, qui le rend à des temps anciens où le monde déployait ses espaces inhabités, cette apparition qui communique au paysage un frémissement grandiose, a le caractère d'une initiation.*

LA VIE DE L'ARBRE DE VIE

J 'aimerais vous parler d'un arbre. Un arbre magique autant que réel, un arbre inscrit dans l'histoire, la grande histoire des peuples et des cultures: sans lui, la langue française n'aurait peut-être pas fait souche en Amérique du Nord. Je vous invite donc à faire un bond de quatre siècles et demi dans le passé. Nous sommes à l'hiver de 1535-1536. Le capitaine malouin Jacques Cartier, qui avait, l'année précédente, pris possession du «Pays du Canada» au nom de la France, est contraint, lors de son deuxième voyage d'exploration, de passer l'hiver près de Stadaconé, qui sera, soixante-treize ans plus tard, baptisée «Québec» par Champlain. Ses bateaux prisonniers des glaces, Cartier hiverne avec son équipage dans une installation de fortune; le malheur alors s'acharne sur eux sous la forme de «la grosse maladie» — qui est, en fait, le scorbut. À la fin de l'hiver, seuls trois marins sur soixante-dix sont épargnés, vingt-cinq sont morts, une quarantaine se préparent à passer l'arme à gauche. La situation semble désespérée, quand, un jour d'avril, Cartier voit venir vers le fortin une bande d'Indiens dirigée par Domagaya, un Huron connu du capitaine. Douze jours auparavant, Cartier l'a vu en très mauvaise santé, mais, ce jour-là, il est «sain et délibéré». Il doit sa guérison, assure-t-il, au jus des feuilles d'un arbre. Cartier prend alors espoir, comme il est consigné dans son récit de voyage:

> *Lors ledit Dom Agaya envoya deulx femmes avec notre capitaine pour en quérir, les quels en apportèrent neuf ou dix rameaux: et nous montrèrent qu'il fallait piler l'écorce et les feuilles dudict boys, et mettre le tout à bouillir en eau; puis boire ladite eau, de deux jours l'un; et mettre le marc sur les jambes enflées et malades; et que de toutes maladies ledit arbre guérissait. Ils appellent ledict arbre en leur langue:* annedda.

Tous les malades du scorbut bientôt ressuscitent. Et

c'est ainsi que l'on assiste — l'expression est de l'historien Léo Parizeau — au «Miracle de sainte Vitamine C». Grâce au breuvage curatif, les équipages français dorénavant n'auront plus à redouter l'hiver en terre nouvelle. Et pour signifier l'importance qu'il donne à cet arbre salutaire, Cartier en rapporte quelques plants qui seront placés dans les jardins de François Ier à Fontainebleau. C'est le premier arbre américain à être transporté en Europe. Il sera baptisé: *arbor vitae*, l'«arbre de vie». Le mot huron-iroquois *annedda* ne signifie-t-il pas: «l'arbre qui donne la vie»? Au fait, quelle espèce botanique ces mots recouvrent-ils? Cartier annonce qu'il fera la description de l'arbre dans un troisième volume de sa relation; malheureusement cette partie de son œuvre, si tant est qu'elle ait été écrite, n'a jamais été retrouvée.

La porte était ouverte aux spéculations des historiens qui ne tenaient qu'une certitude: l'arbre guérisseur était un conifère, puisque seuls les conifères ont leurs feuilles vertes en hiver et que tous contiennent, à des degrés divers, de la vitamine C dans leur écorce et dans leurs feuilles. Il fallut attendre Jacques Rousseau, botaniste et ethnologue, pour connaître enfin, en 1954, l'identité de cet arbre bienfaisant. Au terme d'une des plus passionnantes études qu'il m'a été donné de lire au sujet d'un arbre, Rousseau présente, en ces mots, les résultats de ses recherches: «Une conclusion s'impose: l'*annedda*, l'arbre de vie, le thuya occidental et le cèdre blanc sont une seule et même plante.»

Rien n'est simple quand on traite du cèdre. Il faut débroussailler le sujet pour bien isoler l'espèce qui nous occupe. Car le mot «cèdre» sert à nommer différentes essences qui n'ont en commun que leur appartenance au groupe des conifères. En réalité, les vrais cèdres sont les représentants du genre *cedrus* qui poussent autour de la Méditerranée et dont les sujets les plus fameux sont le Cèdre du Liban et le Cèdre de l'Atlas, arbres de première grandeur, aux feuilles persistantes, au port vigoureux et largement déployé, dont le bois est célèbre depuis des millénaires. En Amérique du Nord, le mot «cèdre» a servi très tôt à nommer quatre essences d'arbres: deux se retrouvent sur la côte ouest du Canada; deux poussent dans l'Est: le Cèdre rouge et le Cèdre blanc. Même s'ils portent le même nom, ces espèces ne sont pas apparentées. Le Cèdre rouge est en réalité un genévrier, le Genévrier de Virginie, qui croît dans le sud-ouest du Québec, et dont le bois rouge, tendre, odorant, se travaille avec aisance. C'est lui qui, hier encore, servait exclusivement à la fabrication des boîtes à cigares et des crayons à mine de plomb. Ce qui fit naître sous la plume de Paul-Marie Lapointe cette belle image: *genévrier, qui tient le plomb des alphabets.*

Puis il y a le Cèdre blanc — l'*annedda* et l'*arbor vitae* de Jacques Cartier —, qui est en fait un thuya, le Thuya occidental, abondant dans les sols calcaires et humides, présent, près des grands cours d'eau, au flanc des falaises et caps où il se tasse en peuplements serrés. De loin, quand il est isolé, on le reconnaît tout de suite à sa silhouette, qui rappelle le pique des jeux de cartes. Il fut un temps où il atteignait des dimensions respectables, mais on n'en trouve guère maintenant de son espèce qui excèdent vingt mètres. Pour être tout à fait sûr de son identité, il faut s'en approcher, toucher l'écorce lisse, fibreuse, étonnamment douce, venant, quand on la tire du tronc, de bas en haut, en filaments souples comme la laine. Si l'on gratte cette écorce avec l'ongle, on découvrira une succession de quatre couleurs: le gris passe au vert, qui recouvre un rouge de terre brûlée; sous le rouge dort le blanc crémeux de l'aubier.

Ce sont quand même les feuilles qui surprennent le plus. Chez un conifère, on s'attend à trouver des aiguilles, mais le cèdre s'est donné pour feuilles de fins éléments plastifiés, aplatis en triangles, fichés les uns dans les autres à la manière des mini-briques des jeux de construction.

Prenez un rameau dans vos mains et froissez-le: il exhalera une odeur fraîche et vivifiante. Cette émanation est produite par une huile essentielle cachée dans les feuilles, l'écorce et le bois. Les autres conifères laissent couler une gomme, qui est une résine. Le cèdre, lui, contient une huile aromatique, substance qui a la propriété de chasser les mites et autres «verminettes». D'où l'emploi de son bois dans la fabrication des coffres, des armoires à vêtements et à fourrures. L'arbre de vie assure la survie de vos manteaux!

* * *

Le Cèdre blanc a un cousin dont je dois vous parler puisqu'il est un des arbres civilisateurs du monde. Il s'agit du fameux cèdre de l'Ouest, le Thuya géant appelé «cèdre rouge» dans la région de Vancouver. Cet arbre, qui pousse sur toute la côte du Pacifique, est un des géants de l'Amérique avec ses soixante mètres de hauteur. C'est lui qui a permis aux sept tribus indiennes de l'Ouest canadien d'atteindre un degré de civilisation hautement raffiné. Leur mythologie considérait que le thuya, comme les hommes et les animaux, possédait un pouvoir et une âme. Poussant à travers un trou dans le ciel, il était le pivot du monde, le chemin vers un monde supérieur. Cet arbre tenait dans la vie de ce peuple la place occupée par le bouleau dans la culture matérielle de nos

Indiens de langue algonquienne. Avec son bois, on fabriquait des maisons, des bateaux, des totems et des récipients de cuisson. La partie inférieure de l'écorce était séchée et assouplie pour donner les fibres servant à confectionner des pèlerines imperméables (il pleut beaucoup à Vancouver), des coiffures, des paillasses, des cordes, des paniers. Aujourd'hui, la plus grande partie du bois de cèdre vendu à travers le continent vient du Thuya géant de l'Ouest.

* * *

Revenons à notre Cèdre blanc. Si l'arbre n'a pas la même importance mythologique que son cousin du Pacifique, notre cèdre ne se prête pas moins à mille usages dont certains, devenus caducs aujourd'hui, sont assez insolites pour être rappelés.

Une des plus célèbres propriétés du bois de cèdre, c'est d'être réfractaire à la pourriture. Il a donc abondamment servi et il sert encore dans la construction des quais, des pièces de fondations, des poutres, des bardeaux et des clôtures. On dit qu'une clôture de piquets de cèdres, si elle est entretenue, peut durer une vie d'homme. Vie humaine, pour durer, demande maison propre. On passait donc chaque jour sur les planchers le balai de branches odorantes dont les feuilles, en séchant, ne s'effeuillent pas. Cet usage était si important qu'il se retrouve parmi les noms populaires du cèdre. Encore de nos jours, dans certaines régions du Québec, un balai, c'est un cèdre. «Envoyer quelqu'un au balai», c'est bien sûr l'envoyer quérir des branches de thuya, mais c'est aussi l'inviter, en le vouant au diable, à dégager le plancher!

Balayer le parquet, dans les anciennes maisons, il fallait le faire souvent devant la cheminée où brûlait du cèdre. S'il existe un bois qui, en crépitant, projette au loin ses tisons, c'est bien celui-là! À ce point d'ailleurs que le bois de cèdre était surtout utilisé comme bois de four: produire des étincelles en chambre close ne porte pas à conséquence. Avec quoi allumait-on ces feux avant l'invention des allumettes chimiques? Avec des aiguillettes de cèdre, bien sûr.

Le caractère vif et crépitant de ce bois est signalé dès le XVIIᵉ siècle dans un texte, d'ailleurs délicieux, du missionnaire Louis Nicolas:

> *La cendre est douce. Le bois vert et sec est si pétillant qu'outre qu'il est fort importun pour le bruit, il brûle en ressautant tous les habits.*

On croirait voir les tisons tourmenter les robes et les bas de pantalons! L'auteur signale dans la même page un usage du charbon de cèdre devenu obsolète:

> *Son charbon devient fort bon pour crayonner. Il s'imprime si avant dans la peau des Sauvages qui s'en servent pour s'y peindre tout le corps par diverses belles figures*

qu'ils y gravent qu'il ne s'efface jamais plus. Ils le pilent, ils le mêlent avec de l'eau commune et y trempent trois pointes d'os dont ils se piquent la peau de telle manière que le sang qui sort de la piqûre se mêle avec ce charbon. La figure qu'on grave ne s'efface jamais de la partie où on l'a fait.

Voilà donc le cèdre tatoueur. Face de cèdre jamais ne blanchit!

* * *

S'il y a une vérité que les pharmaciens ont intérêt à ne pas étaler au grand jour, c'est que la nature nous offre, à portée de la main, une profusion de vitamines. Vous avez chez vous un sapin, une épinette, un cèdre, un pin: sachez que ces arbres ont des vertus vitaminiques considérables. On comprend alors que tous les conifères qui verdissent le pays ont toujours abondamment servi chez les Blancs et chez les Indiens à la préparation de potions médicamenteuses et de sirops pour le rhume. Bien des personnes, encore aujourd'hui, ne jurent que par l'infusion d'écorce de sapin quand la grippe les agrippe! Domagaya avait bien raison, en 1535, de donner à boire une décoction de cèdre à l'équipage moribond de Jacques Cartier: contre la grosse maladie le remède est souverain. Mais le cèdre a été largement utilisé pour d'autres genres de malaises. Combien de rhumatismeux n'a-t-il pas remis sur pied? Pehr Kalm, un botaniste suédois venu visiter le Québec en 1749, rappelle qu'on «ordonne contre le rhumatisme la pommade suivante: on prend des feuilles fraîches de thuya, on les pile au mortier puis on les mélange à du saindoux et on cuit le tout ensemble pour obtenir une pommade. On en étend sur un linge que l'on place à l'endroit de la douleur et cela procure infailliblement un soulagement rapide. Le commandant m'assure qu'il a constaté à plusieurs reprises l'efficacité extraordinaire de cette pommade, en particulier d'une femme de Québec qui avait utilisé auparavant tous les remèdes possibles».

Un jour, un autre botaniste, Jacques Rousseau, rencontre un Indien Abénakis, du nom de Paquette, qu'il questionne à propos du cèdre, lequel se nomme *malandak* en cette langue. Paquette parle aussi un français très coloré, comme on le verra. Celui-ci avait vécu longtemps aux États-Unis où, disait-il, il avait pratiqué une médecine tout à fait naturelle! Pour les cas d'enflures, il avait recours à sa panacée favorite: une pommade à base de cèdre. Voici sa recette: «On greindre et on fait des cirouennes avec des affaires que ça hale!» Ce qui veut dire en français régulier: on réduit les feuilles en poudre et on fait des cataplasmes avec d'autres produits qui tirent le mal. L'Abénaki Paquette, pour arrondir ses fins de mois de guérisseur itinérant, fabriquait pour les vendre des oreillers de sapin et de cèdre. Les aiguilles de sapin et les rameaux de cèdre servaient au rembourrage. Il disait à ce propos: «Les oreillers de sapin sont bons pour la santé, mais ceux du cèdre sont bien meilleurs.» Le missionnaire Louis Nicolas n'écrivait-il pas en 1660 que «l'odeur du cèdre réjouissait merveilleusement le cerveau»?

* * *

Si je vous ai parlé du cèdre, c'est que cet arbre m'a procuré un certain nombre de plaisirs qui sont des massifs toujours verts dans mes souvenirs. Le premier est d'ordre olfactif. À la fin de mon adolescence, j'ai fréquenté, au cœur des Appalaches, au temps des vacances, un ermitage occupant un îlot au milieu d'un lac. Le vent parfois nous apportait par vagues des odeurs très fraîches pleines de propreté et de santé. L'origine de ce parfum naturel m'est demeurée mystérieuse jusqu'au jour où, parti à la pêche, j'ai découvert, au bord de l'Etchemin, une grosse cabane, pareille à un igloo de planches brunes, d'où montait une épaisse fumée. Deux ou trois hommes s'affairaient à engloutir des branches vertes dans ce four. On me dit que cette construction bizarre était une «bouillotte» et qu'on y extrayait l'huile aromatique de cèdre, laquelle servait à parfumer les produits domestiques de nettoyage et de purification de l'air.

Ce n'est que plusieurs années plus tard que j'ai vraiment fait connaissance avec le cèdre et qu'il est pour ainsi dire entré dans ma vie. Cela s'est passé dans les parages immédiats

Le Moqueur chat

d'une petite maison de bois, au bord de la batture. J'ai eu la satisfaction de voir, dès les premiers temps, que cette retraite était entourée de cèdres de toutes statures. Toujours est-il que ces arbres ont pris beaucoup d'importance avec les années, et cela, pour deux raisons. La première est qu'à cet endroit précis du Saint–Laurent sont passés les bateaux de Jacques Cartier, le 8 septembre 1535, au moment où il ignorait encore les vertus curatives de l'arbre de vie. La seconde est liée à l'une des expériences les plus agréables que j'aie faite avec un oiseau, auquel d'ailleurs je me suis beaucoup intéressé par la suite. J'avais aménagé, à la lisière d'un petit bois, une pergola en moustiquaire où je passais les soirs de juillet. Entre la tente et la grève montait la silhouette penchée d'un cèdre de bonne taille; c'est la branche la plus basse de cet arbre qu'un Moqueur chat — c'est l'oiseau en question —

avait adoptée comme perchoir de chant. Pendant trois saisons, à l'époque des nids, le soir, vers huit heures, l'oiseau venait terminer sa ronde crépusculaire par un concert d'imitations échevelées qui durait parfois vingt minutes.

Cet arbre est toujours là, mais les Moqueurs, je ne sais pourquoi, l'ont déserté. D'autres oiseaux par bonheur le fréquentent. À la fin de l'été, quand les petits cônes ovales libèrent leurs graines, arrivent en bandes les Jaseurs des cèdres, qui viennent y faire ripaille en émettant cette vibration cristalline qui leur sert de cri de ralliement.

L'arbre sert aussi de cachette — comme tous les conifères d'ailleurs — aux petits oiseaux qui craignent à chaque instant les prédateurs ailés. Un jour de septembre 1981, j'avais remarqué qu'un Pinson à gorge blanche venait de se réfugier dans mon cèdre en se figeant sur une branche. Trois secondes plus tard passait un épervier en chasse. L'alerte finie, l'oiseau demeurait immobile. Je me suis alors approché de si près que j'aurais pu le toucher. C'est la seule fois de ma vie où il m'a été donné de voir, à si faible distance, l'œil chargé d'épouvante d'un oiseau. Le cèdre était donc devenu pour certains êtres un refuge.

Quelle ne fut pas ma surprise, l'autre jour, de lire dans le *Journal* d'Ernst Jünger, en date du 24 octobre 1943, la narration du bombardement de son petit village:

Ensuite a retenti un effroyable fracas comme si la bonne vieille bâtisse, avec sa salle vitrée, allait s'écrouler et Per-

pétua s'est enfuie au jardin avec l'enfant, tous deux se sont serrés contre le thuya, l'arbre de vie.

S'agit-il de notre Cèdre blanc? C'est possible: notre thuya, après son introduction en Europe, au XVIe siècle, s'est répandu comme arbre d'ornement. De toute manière, j'aime bien croire que l'arbre de vie offre protection aux humains comme aux oiseaux. Si un jour notre ciel s'effondre, il me plairait à moi aussi, avec les miens, de me réfugier et de vivre notre dernière seconde de lumière sous les branches toujours vertes de l'*annedda*.

Le Pinson à gorge blanche

LE MÉTÉOROLOGUE QUI PLEURE

J ’aimerais vous raconter comment la terre fut créée. Au tout début des temps, le monde n’était qu’une vaste étendue d’eau. Sur cette eau flottait un radeau où prenaient place tous les animaux sous l’autorité du Grand Lièvre. Celui-ci promit un jour à ses sujets de former une terre où ils pourraient s’ébattre en liberté. Il demanda au castor de plonger et de ramener un peu de terre du fond de l'eau. Le castor plongea, mais ne trouva rien. La loutre fit de même. Le rat musqué, à son tour, plongea et demeura toute une année dans les profondeurs. Quand il remonta, il tenait un grain de sable entre ses griffes. Le Grand Lièvre prit ce grain de sable et le déposa sur le radeau. Instantanément il commença à grossir, à grossir, atteignant la dimension d'une montagne. Le Lièvre commença à en faire le tour. Plus il tournait, plus la masse augmentait. Si bien que les animaux se dispersèrent sur la terre nouvelle. De leurs cadavres le Grand Lièvre fit naître les Hommes. Voilà. C'est ainsi que les premiers voyageurs à venir en contact avec les Indiens Ojibway apprirent non seulement l'origine du monde mais aussi l'existence du Grand Lièvre mythique.

Plus tard, d'autres explorateurs et missionnaires entendront parler de *Michabou,* le lièvre blanc du Nord, «grand comme un veau de quinze jours ou comme un mouton», lequel vivait au pays des Esquimaux. Les voyageurs du XVIIe siècle entendront même parler d'un dieu fort puissant, *Kamicha Pounikech,* qui «fait les grandes neiges qui tombent sur la terre». Plus tard encore, les premiers Européens à visiter l'Arctique feront connaissance avec le Lièvre blanc de l'Arctique, aussi gros, aussi lourd qu'une brebis. C'est le Sphinx à la fourrure immaculée; pendant des jours, il peut demeurer immobile, sans manger, le dos tourné aux vents les plus aigus du Grand Nord. Tous ceux qui l'ont connu ont été éblouis par la résistance, la rapidité, la familiarité et l'esprit ludique de cet animal que certains ont nommé: la merveille la moins connue de la faune nord-américaine. Je pense quant à moi que la plupart des animaux qui peuplent nos espaces sont aussi fabuleux que le Grand Lièvre et que tous, quoi qu'on dise, sont à peu près inconnus. C'est pourquoi j'aimerais vous parler d'un des mammifères les plus abondants du Nouveau Monde, un des plus célèbres par les fables dont il est l'acteur. J'ai nommé: *Lepus americanus*, le Lièvre d'Amérique, le cousin de *Michabou*, créateur de la terre.

Il a encore d'autres noms, comme celui de «lièvre variable», le qualificatif désignant une particularité de l'animal dont vous avez certainement entendu parler. À l'automne, le lièvre voit changer progressivement son pelage gris-brun nuancé de roux. Les pattes, le ventre, les flancs et le museau commencent à blanchir au moment de la disparition des feuilles dans les arbres. En janvier, toute la fourrure est d'un blanc pur. On a toujours cru que c'était la neige qui déterminait la transformation. Pourtant, certains hivers où les neiges sont tardives, les lièvres sont blancs. Il y a quelques années, une jeune biologiste de Québec avait apprivoisé un lièvre qu'elle gardait dans sa maison. Quelle ne fut pas sa surprise de constater que son animal, l'hiver venu, ne blanchissait pas! Elle en vint à penser que le régime d'éclairage artificiel qui régnait dans la maison pouvait avoir quelque influence; chaque jour, à partir de la fin de l'après-midi, elle confina le lièvre à l'obscurité. En quelques semaines il compléta sa mue hivernale. Ce n'est que récemment qu'on a découvert comment agit la lumière dans la mue du lièvre. C'est par les yeux que la lumière pénètre dans le cerveau pour stimuler les glandes endocrines et déclencher le changement de pelage: un lièvre rendu aveugle ne devient jamais blanc. Ceci dit, le lièvre n'est pas un fervent de la lumière. Pendant le jour, il demeure caché dans un des nombreux abris ou gîtes qu'il a aménagés ici et là sur son domaine, dont la superficie n'excède pas une douzaine d'hectares.

C'est la nuit qu'il devient actif. Dès l'arrivée du crépuscule, l'animal effectue sa première ronde alimentaire. Il n'y a pas un arbuste, pas une touffe d'herbes, pas une jeune pousse, pas un arbre dont il ne connaisse l'existence et l'emplacement exact. La même connaissance s'applique au réseau perfectionné de sentiers bien foulés qui sillonnent l'ensemble de son aire vitale et qu'il entretient avec un soin scrupuleux. Les zoologues commencent à croire que ce n'est pas principalement par la vue que le lièvre se dirige, la nuit, dans l'entrelacs de son réseau routier, mais bien par la précision et l'automatisme de la locomotion; il sait, par exemple, que trois sauts à droite, deux enjambées, trois bonds à gauche séparent tel arbre de telle butte. Il a inscrit dans son corps, dans chacun de ses membres, la connaissance totale de son domaine. Ce qui n'en fait pas pour autant un grand voyageur. Rarement il s'aventure à plus d'un kilomètre de son centre d'activité; son rayon d'action atteint le plus souvent une centaine de mètres. C'est pourquoi un lièvre poursuivi revient toujours, après voir fait un circuit plus ou moins long, au lieu où on l'a levé.

Le nom de «lièvre à raquettes» qu'on lui donne parfois au Québec, sans doute sous l'influence de l'anglais *Snowshoe Hare*, est à mon avis, de tous ceux dont on le gratifie, le plus évocateur: la caractéristique la plus évidente du lièvre n'est-elle pas l'existence de ces longues pattes arrière formant les plus remarquables raquettes qui soient. Ce sont elles qui rendent l'animal capable de marcher à l'aise sur la neige, là où la plupart des autres mammifères (le renard, par exemple, son ennemi) calent au ventre! Ces pantoufles, recouvertes de poils frisés et rugueux, l'empêchent de déraper sur le verglas et lui servent, en certaines occasions, d'amortisseurs. Je n'apprendrai rien à personne en disant que notre champion de la course est également un des meilleurs sauteurs parmi les mammifères américains. Un lièvre aux abois peut atteindre une vitesse soutenue de cinquante kilomètres à l'heure en effectuant des sauts de cinq mètres de longueur. Si l'on pouvait organiser une compétition à laquelle participeraient les plus véloces sprinters du monde, le lièvre se classerait troisième, après le guépard et l'antilope.

Je dois quand même avouer que le plus rapide parmi les léporidés du Nouveau Monde n'est pas notre lièvre à raquettes. Le record appartient au «lièvre-antilope» des déserts américains qui peut, en terrain découvert, friser les cinquante-cinq kilomètres à l'heure et faire des bonds analogues à ceux de l'antilope. L'énergumène a mis au point, au cours de l'évolution, une bien curieuse adaptation qui lui donne la faculté de faire passer instantanément du roux au blanc la couleur de l'un ou l'autre de ses flancs. Il lui suffit de contracter les muscles de ses flancs pour découvrir sous les poils roux les poils de bourre sans couleur. Cette ruse qui consiste à blanchir le flanc exposé à son poursuivant a pour fonction d'attirer l'attention du prédateur sur ses fréquents changements de direction dans le but de le désorienter. Notre «lièvre à raquettes» n'utilise pas le même stratagème; chez lui, c'est la petite queue en forme de pompon blanc qui joue ce rôle.

Tous les lièvres, les chasseurs vous le diront, pratiquent la course stratégique; poursuivis, ils ne filent jamais en ligne droite. Ils effectuent au cours de leur fuite bondissante de brusques changements de direction qui donnent une allure

en zigzag à leur course. Bien plus, le lièvre s'est spécialisé dans le changement de cap aérien. Je m'explique. Quand un bond le fait lever à bonne hauteur au-dessus du sol, il profite parfois de cette position aérienne pour amorcer un virage subit qui modifie en une lueur de temps sa course.

Le trappeur Paul Provencher raconte à ce sujet une savoureuse anecdote. Il se trouvait un jour, au mois de mars, dans les bois, au nord de Baie Comeau, en compagnie d'un Montagnais nommé Uapistan. Les lièvres à ce moment de l'année sont en rut et leurs amours donnent lieu à de folles poursuites à travers les mille obstacles des fourrés. Nos deux forestiers aperçurent tout à coup un mâle à la poursuite d'une hase. L'Indien se tourne vers le trappeur et lui glisse: «Buck Bunny, il va l'avoir!» Soudainement Mary Flip, voulant se soustraire à une approche trop pressante, effectue un saut pivotant qui l'amène brusquement à quinze mètres en sens contraire. Le mâle, dépité, entre, tête baissée, dans un massif d'aulnes. Et l'Indien de commenter la fin de la scène en ces termes: «Buck Bunny, il l'a pas eue!»

* * *

Proverbiale est la rapidité du lièvre. On dit même que le chien lancé à la poursuite du fameux «lièvre-antilope» sort de l'expérience si exténué qu'il perd le goût de la chasse pour six mois! L'écrivain français Jules Renard se demandait si la fuite en zigzag était aussi efficace qu'on le dit. «Ce qui perd le lièvre, écrit-il, ce sont ses ruses. S'il ne faisait que courir droit devant lui, il serait immortel.» En fait, ce ne sont pas tant ses ruses qui le perdent que son habitude de revenir d'instinct, tant il a horreur de quitter son domaine, vers son point de départ. Ce qui ne veut pas dire que notre animal, une fois capturé, n'a pas en réserve quelque autre astuce pour s'échapper. Certains chasseurs et la plupart de ses ennemis, comme le lynx, son prédateur le plus important, savent que le lièvre tente un ultime effort pour se dégager d'une prise fatale. Sa dernière feinte est *sonore*. On croit généralement le lièvre silencieux. En certaines occasions pourtant il pourra gronder ou émettre une sorte de sifflement. Mais son cri le plus saisissant demeure le cri de détresse. Il faut l'avoir entendu au moins une fois dans sa vie pour apprécier la puissance vocale d'une bête qui offre au premier abord une impression de tendre bonasserie. Saisi au corps, le lièvre pousse des gémissements aigus, prolongés, assez semblables aux pleurs d'un bébé. Que les cœurs trop sensibles se rassurent: le lièvre, en cette occasion, ne sanglote pas! Il tente tout simplement, par un artifice de la voix, d'ahurir son assaillant. Dans quelle mesure y réussit-il? On a vu en tout cas des chiens inexpérimentés et des chasseurs novices lâcher prise quand un lièvre se mettait à vagir.

Ce trait de comportement a au moins le mérite d'atténuer une réputation d'imbécillité qui me paraît excessive. Je ne sais trop pourquoi d'ailleurs les humains l'ont toujours considéré comme un être privé d'intelligence, comme le laisse supposer une petite légende qui circule à son sujet et qui pourrait se résumer ainsi. Vous voulez prendre un lièvre? Voici ce qu'il faut faire. Vous mettez du tabac à priser sur une pierre; le lièvre qui passe vient voir ce que c'est, il éternue, se frappe le museau et meurt assommé!

On reconnaît là le mépris que les hommes ont toujours manifesté à l'endroit des animaux qui leur sont supérieurs par quelque qualité. Que les avides de la volonté de puissance soient inconsciemment fascinés par la vélocité du lièvre, voilà ce qui semble apparaître entre les lignes d'une histoire que j'ai recueillie dans le folklore d'Auvergne.

Un paysan a trois fils et veut avantager le plus habile. Chacun tente alors une prouesse. L'un d'eux, qui s'est fait barbier, fait lever un lièvre entre ses jambes, s'élance à sa poursuite, le rejoint (hum... hum...), le saisit délicatement de la main gauche par les oreilles, prend son rasoir de la main droite et rase l'animal tout en courant.

Je trouve passionnante l'étude des folklores animaliers. Pour les Noirs des États-Unis, par exemple, l'animal le plus rusé du monde n'est pas le renard, mais bien le lièvre. Écoutez, pour vous en convaincre, ce qui suit: un lièvre, un jour, voulut traverser un bayou. Il se tenait assis, perplexe, sur ses longues pattes arrière, en se demandant comment il pourrait atteindre l'autre rive, quand il aperçut, tout près, un crocodile. Avec sa délicatesse coutumière, il demanda au reptile:

— Ne dit-on pas, cher ami, que les lièvres sur cette terre sont beaucoup plus nombreux que les crocodiles?

— Pas du tout! Ce sont les crocodiles qui sont les plus nombreux.

— Il me plairait assez, dit le lièvre, de vérifier cette affirmation péremptoire.

— Rien de plus simple. Voyez derrière moi, dans le bayou, la multitude des crocodiles...

— Mais il est difficile pour moi de vous compter, dit le lièvre. Il faudrait, pour faciliter les choses, que vous vous placiez à la suite, flanc contre flanc...

Les crocodiles se placent côte à côte. Le lièvre, sans hésiter, saute sur leur dos et, en bondissant de l'un à l'autre, va traverser le bayou. Mais il n'est pas encore parvenu au terme quand, déjà, il exulte: «Ah! Je vous ai bien eus!» Mais il a parlé trop tôt. Le crocodile, le dernier de la file, sur le dos duquel il se trouve, ouvre la gueule et la referme avec un bruit sec sur la queue du lièvre. C'est depuis ce jour que les lièvres n'ont pas de queue!

Heureusement la queue du lièvre n'est pas pour lui la partie la plus utile de son anatomie. Ce sont ses pattes qui déterminent les traits les plus spectaculaires de son comportement. On n'a pas tout dit des pattes du lièvre quand on a signalé leur importance dans la rapidité de l'animal. Le lièvre destine ses membres postérieurs à bien d'autres usages. Ce sont eux qui lui permettent parfois de se défendre contre des assaillants de sa taille.

Un photographe était tapi dans un fourré et surveillait un lièvre en train de brouter, quand il vit un raton laveur s'approcher en silence. Le lièvre n'en paraissait pas alarmé jusqu'au moment où le raton allait ouvrir la gueule. Le lièvre alors bondit et asséna une série de coups de pattes sur le museau du raton, qui trouva son salut dans la fuite.

Il arrive parfois que des habitués de la forêt aperçoivent un lièvre en train de frapper, à coups répétés, le sol d'une de ses pattes arrière. On se demande encore quelle est la signification de ce tambourinage. Est-il lié à la cérémonie des amours? Sert-il de signal d'alarme destiné aux congénères des environs? Ou s'agit-il seulement d'un jeu? Ou, comme on dit maintenant, une manière d'évacuer un stress? Ce qui est certain, c'est que les lièvres, en tapotant, affermissent la surface de leurs pistes. C'est en tout cas la technique qu'ils utilisent, l'hiver, pour tasser la neige qui recouvre leurs routes.

On a découvert tout récemment que si le lièvre vagit avec sa bouche, c'est avec ses pattes qu'il parle! Que dit-il? Quels messages importants a-t-il à transmettre? La découverte que je vais maintenant vous révéler a laissé pantois bien des spécialistes: le lièvre communique les nouvelles de la météo! Je n'irai pas jusqu'à dire que tous agissent ainsi, mais j'ai appris que les habitants du village de

Noviazka, en Biélorussie, connaissent un lièvre rendu célèbre par ses prévisions météorologiques infaillibles. Ils l'aperçurent un jour en train de tapoter ses pattes sur une souche d'arbre. Toujours la même. Ce comportement leur sembla curieux jusqu'au moment où quelqu'un remarqua que ces danses tambourinantes étaient toujours suivies, quelques heures plus tard, de pluie ou de neige. On adopta le lièvre, qu'on gava de carottes et qui apprit à circuler librement dans le village. Chaque fois qu'il montait sur la souche pour giguer, l'averse venait comme prévue. Les plus grands zoologues de Russie vinrent voir le phénoménal météorologue et tous se mirent d'accord pour dire qu'il s'agissait là d'un cas très rare de relation privilégiée entre un animal et des humains. Les vieilles paysannes de Noviazka, quant à elles, ont proposé une autre explication. Elles disent que par ces prévisions du temps, le lièvre remercie ses protecteurs de leurs cadeaux.

Ces rapports étroits entre le lièvre et l'eau ne vous rappellent-ils pas le Grand Lièvre qui, en des temps très anciens, fit cesser le déluge et donna la terre aux Hommes?

LE VIOLON ET LE THERMOMÈTRE

C e dimanche-là, dès les premières heures du jour, le soleil de septembre était encore dans sa force estivale. Je me mis en frais d'aller enregistrer la fête sonore des canards et des sarcelles qui s'étaient réunis par centaines dans la batture. En sortant, mon attention se porte tout de suite sur une très légère musique qui grésille, au ras du sol, à quelques pas du chalet. La tête aiguisée par je ne sais quelle vivacité de l'air, je me dis en des mots qui me surprennent moi-même: tiens, c'est la chanson de la sagesse éternelle de la terre! Sans tarder, je change mon attirail et, au lieu de la longue-vue, je mets dans mon sac une loupe et un pot vide. Le magnétophone à l'épaule, je pars. Au bout de quelques mètres, mon voyage terminé, je m'arrête et j'écoute. Le musicien, bien caché dans les herbes, est en plein récital. Mais où se cache-t-il? Je me rends compte que j'ai affaire à un ventriloque et que je devrai utiliser une subtile tactique d'approche si je veux l'enregistrer. Je fais un pas de plus: il s'arrête de chanter.

Je dépose alors le micro sur le sol et je me retire quelques minutes. Après une série d'avancements et de retraits, je réussis, au bout d'une heure, à graver sur ma bande magnétique l'instrumentiste qui, inlassablement, à la fin de l'été, chez nous, dans la région de Québec, débite les pulsations de sa musique pleine de sérénité et d'allégresse: le grillon. Aujourd'hui, j'ai décidé de plonger plus avant dans l'intimité du représentant le plus estimé du monde énigmatique des insectes. Je vous ferai l'économie de tous les tâtonnements qu'a nécessités la recherche du domicile secret de compère le grillon: je vous dirai seulement que je l'ai finalement découvert dans le flanc d'une petite butte de terre, située en plein soleil. En arrachant foins et brindilles, j'ai aperçu, juste en dessous d'un caillou plat qui faisait office d'auvent, un trou du diamètre d'un stylo à bille qui pénétrait dans le sol. C'est le terrier du grillon. Dans ce terrier, qui lui sert d'abri et de cachette, le mâle passera toute sa vie d'adulte, c'est-à-dire un mois environ.

À l'aide d'une longue tige de foin, je fouille jusqu'au fond et vois finalement apparaître un insecte tout noir, d'une longueur comparable au diamètre d'une pièce de vingt-cinq cents, s'engouffre vivement dans le pot que j'ai préparé à son intention. Je peux alors le détailler à loisir. On remarque tout de suite les pattes pliées vers le haut à la manière des sauterelles et les très longues antennes noires qui fouettent l'air dans tous les sens. Je sais que c'est un mâle, car seuls les mâles chantent et eux seuls creusent des terriers. La femelle, qu'on reconnaît au long rostre qu'elle porte à l'extrémité de l'abdomen — c'est l'outil qui lui sert à pondre et à enfouir ses œufs dans le sol — la femelle, donc, est une vagabonde qui circule dans la forêt des foins. C'est à cette errante que sont destinés les chants des mâles qui, chacun posté sur la terrasse de sa *tutte*, rivalisent entre eux de puissance et de musicalité pour gagner ses derniers bienfaits. Ce chant d'appel amoureux est celui que l'on entend le plus souvent. En d'autres termes, selon la formule d'Howard Evans, un grillon qui chante est un célibataire qui voudrait bien cesser de l'être!

Quand une femelle, sensible au *cri-cri* infatigable d'un mâle, s'approche, la cour amoureuse commence. Elle consiste en une suite de feintes, de danses, d'approches qui ont pour but d'amener lentement le grillon à se glisser, à reculons, sous la grillonne, permettant ainsi aux extrémités de chaque abdomen de se fondre. C'est alors que le mâle fait entendre un chant différent, très doux, mais très aigu, si aigu que l'oreille humaine peut à peine le saisir.

Je dois, maintenant, après vous avoir présenté l'instrumentiste, vous dire un mot de l'instrument. Et souffrez, une fois de plus, que je vous fasse l'économie des détails trop techniques.

Le grillon est un violonneux. Son instrument, il le porte en permanence sur son dos. Au repos, ses ailes noires sont posées l'une sur l'autre, la droite sur la gauche. Si on place ces ailes sous la loupe, on voit tout de suite les magnifiques nervures qui les composent et qui leur donnent l'allure de très minces vitraux aux dessins non figuratifs.

L'aile droite porte sur sa face inférieure une nervure plus grosse qui se présente sous la forme d'une lime contenant cent cinquante aspérités: c'est l'archet. Sur la face supérieure de l'élytre gauche se trouve une petite plaque rugueuse reliée directement à la membrane de résonance: c'est la corde du violon.

Pour striduler, le grillon relève ses ailes de manière à former un angle de 40 degrés avec son dos et les frotte l'une contre l'autre en les bougeant d'arrière en avant. Il en résulte une série de stridulations qui ont une telle puissance qu'elles peuvent porter à plusieurs centaines de mètres chez certaines espèces. Comment une grillonne, par exemple, capte-t-elle les chansons du mâle? Par les oreilles? Elle n'en a pas. Par les antennes? Elles ne sont pas sensibles aux sonorités. Ses oreilles sont en fait des petits tambours fixés à la jointure des pattes antérieures. Le grillon est donc le seul animal au monde capable de chanter avec ses ailes et d'entendre avec ses coudes!

À propos de ces ailes finement nervurées, on sait

aujourd'hui que chaque grillon arbore sa décoration personnelle, aussi révélatrice qu'une empreinte digitale. En d'autres mots, chaque insecte, parmi des milliards, peut-être, est le seul à posséder telle nuance dans le dessin. Dans le petit monde d'en bas aussi, il y a des personnalités!

Je ne vous ai parlé jusqu'ici que du grillon, comme s'il n'en existait qu'un seul, alors que notre planète est l'hôte de deux mille espèces différentes de grillons chanteurs. Celui que j'ai visité dans son terrier, ce dimanche de septembre, est le Grillon des champs, plus précisément le Grillon automnal, car il en existe un printanier. C'est celui-là qui fréquente les pelouses, les pâturages, les prés et le bord des routes. C'est lui, également en Amérique, qui pénètre parfois dans les maisons, se cache sous les fauteuils et les tapis, chantant jour et nuit jusqu'à ce qu'une femelle le rejoigne, ce qui n'est pas fréquent: le hasard fait rarement en sorte qu'une grillonne choisisse au même moment la même adresse. Le grillon, dans une maison, est présage de bonheur. On le dit. Il a toujours été, au demeurant, protégé par une vieille superstition qui vous interdit de le tuer sous peine de trouver vos chaussettes dévorées par tous les autres grillons des alentours.

Le Grillon domestique, mieux connu sous le nom de «grillon du foyer», tout simplement parce que c'est dans l'âtre des cheminées qu'il élisait autrefois domicile, est une espèce européenne qui ne se distingue du Grillon des champs que par sa tête brunâtre, robuste, marquée de rayures noires.

Cette espèce a été introduite en Amérique, mais il ne semble pas qu'elle y soit très abondante. Elle stridule un air semblable au Grillon des champs et, comme lui, chante jour et nuit. Vous vous rappelez sans doute ce conte délicieux de Charles Dickens qui met en scène un «grillon du foyer» engagé dans une épique compétition musicale avec nul autre siffleur que le «canard», c'est-à-dire la bouilloire placée sur le feu. Qui chantera le plus fort et le plus longtemps? À la fin, Grillon est victorieux tout simplement parce que Bouilloire, à bout d'eau, meurt d'épuisement.

Voici maintenant une autre espèce de grillon, qui ne manquera pas de vous étonner. Il s'agit du Grillon à corne noire ou «grillon des arbres», un insecte vert pâle, portant de longues antennes noires et qui, chez nous, vit surtout sur les plants de framboisiers où il dépose ses œufs. Ses stridulations puissantes, musicales, font de cet inlassable chanteur un de nos meilleurs musiciens nocturnes. On a calculé que le Grillon à corne noire produit, en une heure, cinq mille quatre cents stridulations et qu'il chante, en moyenne, douze heures par nuit. En soixante nuits, il aura répandu dans la nature quatre millions de coups d'archet. Et le plus incroyable, c'est que ce virtuose peut aussi nous servir de thermomètre! Pour connaître la température en Fahrenheit qu'il fait à l'extérieur, on compte le nombre de pulsations que l'insecte produit en quinze secondes et l'on ajoute à la somme le nombre 38. J'ai fait le calcul d'après l'enregistrement que j'avais commandé pour une émission radiophonique au docteur William Gunn. J'ai découvert que la nuit où le biologiste avait enregistré son *Tree Cricket*, le thermomètre indiquait 69 °F.

En fait, tous les grillons sont sensibles à la température: aucun ne chantera si le mercure marque moins de 55 °F et plus de 100 °F. Voilà l'insecte du confort.

À tel point, du reste, qu'aucune bestiole dans le monde ne peut se vanter d'avoir reçu de la part des humains un traitement aussi douillet que celui dont a joui le grillon. C'est en Chine que ces insectes ont connu, de tous temps, la plus grande faveur. Et cela depuis le VIᵉ siècle. Il existe même un traité des grillons, le *Tsu Chi King*, écrit au XIIIᵉ siècle, qui nous renseigne sur les délicatesses dont les Chinois les entouraient. C'est d'abord à titre d'insectes de compagnie, de musiciens des familles qu'ils pénètrent dans les maisons. Dès la venue de l'automne, dans les palais, les dames mettent les grillons dans des cages d'or ou de porcelaine. Les dites cages, avec leur contenu, sont placées sous les oreillers. «Et toute la nuit durant les dames prêtent l'oreille aux voix des grillons», dit le *Tsu Chi King*. Et toujours dans les mêmes palais, des officiers particuliers avaient la charge de constituer des chœurs de grillons invités à donner des concerts devant la cour.

Les gens du peuple raffolaient de ces insectes. Ils les gardaient chez eux dans de fines cages de bambou qu'ils fixaient à leur ceinture quand ils devaient voyager. Un des plus originaux moyens de transport pour grillon consistait en noix évidées que l'on pourvoyait de tout le nécessaire et qu'on portait sur soi, de préférence sur la poitrine.

Voilà donc où m'avait conduit l'expédition que j'avais faite à quelques pas seulement de ma porte.

Finalement, après avoir encore un peu admiré le Grillon des champs qui se débattait dans le pot de verre où je l'avais emprisonné, je lui rendis sa liberté, avec l'espoir qu'il consente à poursuivre sa musique de la sagesse de la terre.

Car c'est bien de sagesse que parle le grillon. Il dit, dans son langage à fleur de terre: «Je suis l'énergie et la santé du monde. La force qui m'habite est la même qui fait voyager les étoiles et qui donne ses pulsations au cœur des humains. Dans chacun de mes petits coups d'archet, j'exprime, à ma manière, toutes les ondes sonores, des plus subtiles aux plus vigoureuses, qui traversent la terre. Sur le seuil de mon terrier, je vous dis qu'il faut prendre son temps: il est de bonne sagesse de faire son ouvrage avec calme et patience.»

Ainsi parle le grillon. C'est sensiblement le même langage qu'emploie H.D. Thoreau quand il écrit:

Soyez si peu distrait, gardez vos pensées si claires, vos rendez-vous si rares, votre attention si libre, votre existence si universelle que, dans tous les lieux et à toutes les heures, vous puissiez entendre le chant du grillon dans la saison où il chante. C'est une preuve de sérénité et de santé d'esprit que de pouvoir entendre ce chant facilement.

LE ROI ET LE PETIT COCHON

R arement, au cours de toutes ces années d'observation, il m'a été donné de faire une expérience aussi exaltante. Cela s'est produit un jour d'octobre 1981, à Big Sur, sur la côte californienne. Mais avant de vous conduire vers ces hauts lieux, j'aimerais commencer mon histoire par le début et vous parler de mes «petits cochons».

«Ne pousse pas du pied mes petits cochons», chantait Georges Brassens. Il serait imprudent de molester ceux dont je parle, pour la simple raison qu'ils n'ont ni pattes, ni groin, ni chair rose. Ils ont tige et racines. «Petits cochons» et «cochons de lait» sont les noms populaires d'une plante abondante au Canada, formant d'importantes colonies dans les friches et les lieux vagues: l'Asclépiade commune. On la reconnaît aisément à son air tropical, ses fleurs et sa tige pubescentes, et à sa ressemblance avec le caoutchouc de maison. Couverte en été de jolies fleurs roses en ombelles, elle s'orne, en fin de saison, de cosses vertes de la longueur d'un citron. Si vous brisez une partie quelconque de la plante, vous verrez exsuder une substance laiteuse, un latex qu'on a tenté jadis, dans nos régions, d'exploiter commercialement comme substitut du caoutchouc. Les premiers Français à venir en Amérique n'ont pas manqué de mettre à profit d'autres parties de ce végétal déconcertant. Les jeunes pousses du printemps se mangeaient en guise d'asperges. On recueillait la rosée qui se déposait sur les fleurs, on la faisait bouillir pour en extraire un sucre brun d'une saveur, dit-on, fort agréable. On avait de plus observé qu'en automne les cosses (sortes de petits concombres effilés et poilus — les «petits cochons» — s'ouvraient pour laisser échapper les graines emprisonnées dans une gaine de coton blanc très soyeux. On baptisa de ce fait la plante: «cotonnier». Cette ouate servait à bourrer les matelas des enfants, qu'on appelait pour cette raison: «matelas des pauvres».

Si je m'intéresse à l'Asclépiade, ce n'est pas pour ses

usages, mais bien à cause de ses hôtes et de ses visiteurs parfois invisibles, car c'est une plante qui a la propriété d'attirer
les insectes. J'ai souvent remarqué que les bestioles qui vivent
à ses dépens sont toujours de couleur rouge. Il y a une raison
à cela; je vous la révélerai tout à l'heure.

Pour le moment, munis d'une loupe puissante, nous
allons retourner quelques feuilles d'Asclépiade. Secondés par
la chance, nous découvrirons, collé sur la face inférieure
d'une feuille, un minuscule bonbon vert jade, d'une forme
gracieuse. C'est un œuf de papillon. Si nous pouvions rester
quelques jours à cet endroit, nous en verrions sortir une
petite larve blanche qui, sans tarder, commence à se nourrir
des tissus de la feuille. En deux semaines, cette larve multi-
pliera son poids par 2700. À ce rythme, un bébé de six livres
atteindrait en deux semaines le poids de huit tonnes! Nous
serons bientôt en présence d'une chenille au corps rayé de
noir et d'orangé. Cette chenille, après avoir grugé quelques
irrésistibles feuilles d'Asclépiade, se transformera en chry-
salide. Quinze jours plus tard apparaîtra un magnifique
papillon de dix centimètres d'envergure dont les ailes d'un
profond roux orangé se parent de nervures sombres et bor-
dées d'une bande noire piquée de blanc.

Ce papillon diurne, célèbre dans le monde entier, est un
des plus ravissants parmi les dix mille papillons vivant en
Amérique du Nord. C'est le bien nommé Monarque
d'Amérique!

* * *

Le papillon Monarque, vous l'avez certainement vu errer, l'été, dans nos paysages. Sa vie d'insecte, le Monarque la passe à butiner les fleurs en déroulant sa trompe jusqu'au fond des corolles. Il la passe également dans l'errance nonchalante de ceux qui cherchent l'autre sexe.

Distinguer les sexes chez le Monarque exige un coup d'œil aiguisé et la connaissance de cette particularité: le mâle possède sur ses ailes inférieures (un papillon possède quatre ailes) deux taches noires situées sur une des nervures. Ces taches odoriférantes ont chez eux l'importance que représente le système de communication chez la plupart des animaux. Leurs ailes sont recouvertes de minuscules écailles qui se chevauchent à la manière des tuiles d'un toit. Certaines de ces écailles produisent des odeurs stimulantes si puissantes que même les humains peuvent les percevoir. On dit que l'entomologiste Müller transportait souvent avec lui en voyage un papillon vivant «juste pour sentir son odeur quand l'ennui le prenait». N'a-t-on pas décelé des parfums familiers chez les papillons? Certains sentent le chocolat, d'autres le pois de senteur. La Grisette — petit papillon commun en Europe — sentirait «le santal ou la vieille boîte à cigares»!

Je ne connais pas l'odeur du Monarque. Ce que je sais, c'est que la femelle doit frôler longuement le bout de ses antennes contre les taches d'odeur du mâle avant de consentir à l'accouplement. Au terme de cette fusion, l'un et l'autre mourront. Sous nos latitudes, le Monarque peut produire deux ou trois générations pendant un été chaud; par ailleurs il n'hiberne pas à quelque stade que ce soit de ses métamorphoses, comme il arrive chez tous les papillons. Comment se fait-il que chaque été ramène chez nous des Monarques?

Voici le moment venu de nous embarquer pour un long voyage qui nous conduira sur la côte californienne, à quelques milles au sud de Monterey, en un lieu rendu célèbre par l'écrivain Henry Miller: Big Sur. Un après-midi d'octobre 1981, je contemplais le Pacifique de la spacieuse terrasse du Nepenthe, un restaurant perché à mille mètres au-dessus de la mer. Le temps était clair et aussi doux qu'il peut l'être en ces lieux tourmentés par les vents. C'était un moment de parfaite sérénité. Mon attention se porte soudain sur deux papillons qui dansent dans l'air autour des pins accrochés, tout en bas, au flanc de la colline. Puis ce sont dix, trente, cent nouveaux papillons qui se joignent à eux. Je reconnais alors mes merveilleux Monarques. Ravi par les évolutions qu'ils dessinent de leur vol empreint de souple liberté, j'entends tout à coup, diffusée par les haut-parleurs, une musique que je ne connais pas, une harmonie de relaxation portée par des pulsations très appuyées. Je me rends compte alors que le rythme épouse parfaitement les mouvements légers des

Monarques pour former le plus prodigieux ballet naturel qu'il m'a été donné de voir. Ils sont maintenant des centaines à danser tout autour de la terrasse comme si le vent n'avait pas de prise sur leurs ailes, comme s'ils glissaient sur les accords de la mélodie. Le spectacle a duré une bonne partie de l'après-midi. Quelques jours plus tard j'ai su la fin de l'histoire, une histoire à ce point étonnante qu'elle attire en Californie, chaque automne, des visiteurs venus de toutes les parties du globe.

* * *

À quelques kilomètres au nord de Big Sur s'ouvre le port de Monterey. Et tout près, sur la côte, on découvre une petite forêt de pins et d'eucalyptus appelée Pacific Grove. C'est le seul sanctuaire de papillons au monde. Là, précisément, dans ces pins aux branches ornées d'une espèce de lichen verdâtre qui pend comme des cheveux, les Monarques se réunissent chaque automne pour hiverner. À la mi-octobre, on les voit venir et traverser la baie en longs nuages orangés. Parfois, dit-on, l'essaim ressemble à un immense tapis oriental ondulant dans le ciel. Deux millions de papillons iront se coller par grappes aux branches et aux troncs des pins; ils passeront les nuits et les journées fraîches (elles sont nombreuses, l'hiver, en Californie), les ailes refermées, plongés dans un sommeil qui n'est pourtant pas le sommeil de l'hibernation puisque par beau temps les papillons ouvrent leurs ailes et vont butiner et boire dans les parages. J'ai déjà lu dans un journal de Monterey qu'un individu qui venait d'arroser sa pelouse avait eu la surprise de voir qu'elle était devenue rouge une heure plus tard. C'est qu'elle était recouverte de milliers de Monarques venus s'abreuver.

Posés dans les arbres, les ailes repliées en mains jointes, il n'est pas facile de les reconnaître: on dirait plutôt des feuilles mortes, le dessous de leurs ailes étant de couleur plus terne.

Ce n'est qu'en 1917 qu'on a commencé à s'interroger sur la vie des Monarques et sur le sens de ce retour régulier, d'année en année, dans la même modeste pinède. Les questions affluaient: d'où viennent-ils? comment viennent-ils? pourquoi viennent-ils?

Pour répondre à ces questions, il fallait pouvoir marquer les insectes. Rien de moins facile, vous en conviendrez. S'il est aisé de poser une bague à un oiseau pour suivre ses déplacements, comment marquer un être aussi fragile qu'un papillon? On a tout essayé: teinture, étiquettes, marquage à la peinture. Puis vint le docteur Urqhart, un Torontois, prince des spécialistes du Monarque, qui réussit, en 1951, après quinze ans de tâtonnements à marquer des spécimens à l'aide de petites étiquettes qu'on colle sur les articles en verre pour en indiquer le prix. Il put ainsi, en récupérant des Monarques étiquetés au fil des ans à Pacific Grove, lever le voile sur une des plus fascinantes curiosités du monde animal. Voici en résumé ce que découvrit Urqhart.

En mars, les Monarques hivernant à Monterey amorcent leur migration vers le nord. C'est pendant le voyage qu'ils s'accouplent, mais pour une raison demeurée obscure, seules les femelles survivent. Elles arrivent, en ne volant que le jour, à franchir des distances considérables: un papillon capturé, marqué puis relâché fut repris vingt-quatre heures plus tard cent quarante kilomètres plus loin. C'est en donnant naissance, sur leur parcours, à des générations relais que les Monarques progressent de semaine en semaine vers le nord.

Urqhart découvrit également que leur longévité maximale est de neuf mois. La conséquence de cette découverte est d'importance: un Monarque ne retourne jamais deux fois dans le Sud en hiver. Le papillon qui quitte le Québec en août en direction du sud n'a jamais fait le voyage. *Et pourtant il «connaît» le chemin et la direction.* Il suivra la même route que ses ancêtres, il traversera les mêmes lacs, il longera les mêmes côtes, il survolera les mêmes villes. Et, ce qui est plus incroyable encore, il se posera la nuit, pour se délasser, dans les mêmes arbres que ceux qu'avaient adoptés ses parents. Comment les reconnaît-il? On pense que ces arbres ont été marqués par les générations précédentes à l'aide d'odeurs spéciales.

Comment un être aussi léger peut-il parcourir de si longues distances? Ne nous laissons pas tromper par la fragilité apparente du Monarque. Ce papillon est un voilier puissant et tenace. Quand le temps est calme, il glisse pour ainsi dire mollement sur le vent. Mais que souffle une bonne brise, le battement de ses ailes s'accélère, s'amplifie, se précise au point qu'il peut faire face, en louvoyant, à un vent capable de secouer les arbres.

* * *

Plusieurs questions, je le sais, voltigent en ce moment dans votre esprit. Comment se fait-il qu'un papillon aussi voyant, aussi coloré, fait pour attirer l'attention, et qui pavoise au grand jour, comme s'il disait: «Regardez-moi bien, je suis un Monarque», ne semble pas être importuné par les oiseaux qui recherchent avec avidité ce genre de proie? On a fait des expériences, bien sûr, à ce sujet, pour découvrir que le Monarque est protégé par son mauvais goût. Je veux dire qu'il a une saveur si désagréable pour qui voudrait le manger qu'il en devient littéralement repoussant. D'où lui vient cette saveur répugnante? De mes «petits cochons», voyons! L'Asclépiade dont se nourrissent les chenilles du Monarque contient dans son latex une substance empoisonnée, un alcaloïde voisin de la digitaline, laquelle, vous le savez, à des effets hautement spécifiques sur le cœur de tous les vertébrés. Le papillon hérite du poison de la chenille. Un Geai bleu, par exemple, qui s'attaque à un Monarque est saisi, au bout de douze minutes précisément, de violents vomissements. S'il ingérait le double de la dose, il mourrait d'une crise cardiaque.

Le Monarque est tellement bien protégé par sa mauvaise saveur qu'un papillon d'une autre espèce, qui se nourrit sur d'autres plantes (donc non protégé), a imité au cours de l'évolution sa forme et sa couleur: c'est le Viceroi, qui, lui, — façon de parler — est succulent. Mais les oiseaux le laissent parfaitement tranquille.

L'autre question que vous vous posez est celle-ci: est-ce que tous les Monarques du Canada vont passer l'hiver à Pacific Grove, en Californie? Non. Seulement les papillons vivant à l'ouest des Rocheuses descendent à Monterey. Où vont donc les autres, les nôtres, par exemple? Beaucoup plus loin. Un jour, le docteur Urqhart reçut de San Luis Potosi, au Mexique, un Monarque marqué à Toronto. Il avait parcouru deux mille deux cents kilomètres.

À mesure qu'on capturait un peu partout en Amérique du Nord des Monarques portant sur le rebord de l'aile leur petit collant numéroté, on établissait leurs routes migratrices. On sait maintenant que les papillons du Québec gagnent le sud en suivant la côte américaine, en survolant la Caroline, la

Floride, en traversant le golfe du Mexique. C'est au Mexique qu'ils passent l'hiver; quant à l'endroit exact, il ne fut identifié que tout récemment. Urqhart avait fait paraître une annonce dans les journaux mexicains. Le 26 février 1973, il reçut une lettre d'un certain Brugger qui raconta l'histoire suivante. Il se promenait dans ces régions mexicaines où certains attroupements de Monarques avaient été observés en automne, lorsque, en débouchant dans la Sierra Madre, il fit la connaissance d'un bûcheron qui lui indiqua où il pourrait trouver les papillons. Il gravit la montagne en compagnie de sa femme jusqu'à une altitude de trois mille mètres. À cette hauteur, la température est froide et l'oxygène plus rare. Soudain les Brugger entrèrent dans un spectacle émouvant. Ce qu'ils ont vu, ils l'ont écrit à Urqhart; je leur laisse la parole:

> *Imaginez un flanc de montagne d'une vingtaine d'acres environ où les oyamels mexicains (sapins gris et vert) abondent et sur lesquels des millions de Monarques sont agrippés en masses grouillantes, couvrant chaque branche et le tronc tout entier, créant ainsi le plus merveilleux effet multicolore qui se puisse imaginer. On dirait que le sol est recouvert d'un superbe tapis d'Orient dans les tons or et flamme. D'autres, par milliards, emplissent l'air de leur vol langoureux. Une branche d'arbre de trois pouces de diamètre cassa devant nous, cédant sous le poids de ces créatures agglutinées en rangs superposés.*

On peut difficilement croire, sans l'avoir vue, qu'une féerie aussi grandiose puisse exister.

Mais là ne s'arrête pas l'extraordinaire. Après avoir passé l'hiver dans une sorte d'engourdissement, au cœur de la Sierra Madre, le Monarque, en mars, reprend sa route vers le nord. Comment se dirige-t-il? Quel compas précis et compliqué est logé dans un corps si petit? Est-il guidé par les lignes électromagnétiques qui traversent la terre dans un axe nord-sud? Règle-t-il sa course sur la lumière polarisée qui varie dans les différentes parties du ciel? On trouvera peut-être un jour la clé de cette énigme. Mais si on ne sait pas comment le Monarque navigue jusqu'au Mexique, on sait pourquoi: toujours mes «petits cochons», bien sûr! Toutes les espèces d'Asclépiades qui se sont propagées en Amérique du Nord viennent de l'Amérique tropicale. Le Monarque a tout simplement, au cours des millénaires, suivi sa plante favorite et progressé vers le nord à mesure que l'Asclépiade commune colonisait nos contrées.

Avoir l'œil américain, c'est cela aussi: rencontrer une plante dans un champ, la saluer en disant: «*Ave Asclepias syriaca*», s'arrêter un moment pour retourner quelques-unes de ses larges feuilles velues car là est le lieu de naissance d'un des plus opiniâtres voyageurs du monde animal.

LA BANQUISE QUI CHANTE

*I*l m'arrive parfois de faire un drôle de rêve. À Québec, c'est le printemps; les oiseaux célèbrent la disparition de la neige par une symphonie de voix mêlées. Mais au lieu de jouir de cette musique et de regarder naître la saison douce, je prends un avion qui me conduit tout droit à la baie Frobisher, dans l'île de Baffin, aux portes de l'Arctique. Au mois de mai, là-bas, c'est encore l'hiver. Sur la piste je rencontre un chasseur indigène et je lui souffle à l'oreille le seul mot inuit que je connais: «*Amauligak*». Il me regarde longuement en plissant les yeux, il me toise, m'évalue puis, avec un large sourire, il me répond: «*Amauligak, ah.*» Nous nous sommes compris. L'instant d'après je me retrouve derrière lui sur sa motoneige qui file sur la toundra enneigée. Il me dépose près d'une colline au pied de laquelle se trouve un éboulis de grosses roches noires. La motoneige gronde de nouveau et disparaît derrière les buttes. Pendant une heure, tout fin seul, je suis enveloppé de pur silence. Et voilà qu'une étrange chaleur m'envahit. *Amauligak* est là! Je l'ai vu apparaître à quelques mètres devant moi et se poser sur une roche nue. C'est alors que le plus beau chant d'oiseau qu'il soit possible d'entendre au bout du monde se répand tout à coup dans l'air vif.

Si la circonstance que je viens de raconter fait partie de mes rêves, le chant, lui, est bien réel. De même que le mot inuit *Amauligak,* qui désigne un oiseau que bien peu d'entre vous ont entendu chanter à l'état naturel, pour la simple raison qu'il va nicher dans l'Arctique en été et que c'est là seulement qu'il émet son chant d'amour. En français, *Amauligak* a plusieurs noms. On l'appelait autrefois: «moineau blanc», «oiseau blanc» ou «oiseau des neiges». Il y a quelques années, les spécialistes l'ont décoré du nom — trop sophistiqué — de Plectrophane. Ce n'est que récemment qu'on l'a rebaptisé d'un vocable plus simple: Bruant des neiges.

Voilà un oiseau d'augure, un annonciateur. Pour les rares habitants de l'Arctique, il marque l'arrivée du printemps. Mais chez nous, son apparition précède de quelques jours à peine la chute des premières neiges. Car le Bruant des neiges n'est pas confiné à l'Arctique. Quand l'hiver commence à devenir insupportable dans la toundra, le Bruant descend vers le sud. Et le sud pour lui, c'est chez nous. En réalité, on peut l'observer, en hiver, dans les champs et les terrains vagues de tout le Canada et même des États américains du Nord. Et comme le Bruant des neiges est circumpolaire, il se rencontre dans tous les pays nordiques du monde. Certains hivers il peut même descendre dans le sud de la France; on l'a déjà vu errer dans la vallée du Rhône.

Ma dernière observation du Bruant des neiges remonte au début de décembre 1988. J'étais au bord du fleuve, à l'île d'Orléans, et je regardais l'état de désolation de la blanche batture, si abondamment chargée de vie en été. Je vis soudain venir dans ma direction une sorte de petit nuage clignotant qui voyageait à folle allure. Cela émettait, en remuant, un fouillis de reflets noirs et blancs. Et cela tournait, virevoltait au-dessus de ma tête, s'exprimait dans un bruissement cristallin, un pétillement très fragile. Le nuage, finalement, parvenu au-dessus du champ enneigé qui se trouve à côté de ma maison, se fractionna en une trentaine de petits oiseaux qui se mirent aussitôt à sautiller autour des longues tiges, des asters surtout, que la neige n'avait pas encore recouvertes.

Dans ma jumelle, ils étaient si proches que je voyais la couleur jaune, marquée de points noirs, de leur bec conique.

À peine plus gros que le moineau, le Bruant des neiges est, en fait, un pinson de bonne taille. Parmi nos oiseaux qui cherchent leur nourriture au sol, il est le seul dont le plumage soit aussi abondamment marqué de blanc. Ses ailes, sa queue et son dos présentent des taches noires très visibl, même quand il est posé. Ce qui surprend l'observateur qui découvre cet oiseau au début de l'hiver, c'est la présence de la couleur rousseâtre dont est frottée une bonne partie des plumes blanches de la tête et des flancs. Cette couleur disparaîtra par usure au cours de l'hiver.

Il faut avoir bon œil pour apercevoir un vol de Bruants des neiges. Quand les oiseaux nous survolent, le blanc de leur plumage se fond pour ainsi dire avec le ciel toujours un peu laiteux de l'hiver, mais le noir, lui, clignote avec le battement des ailes et selon que l'oiseau, en changeant brusquement de cap, donne à voir une partie de son dos. Cela produit un phénomène d'apparition-disparition très grisant à regarder.

Sur la neige, le Bruant est comme un roi dans la mousse. C'est là qu'il se nourrit en grappillant les graines restées attachées aux plantes. C'est également sur la neige qu'il passe ses nuits, en choisissant de préférence une légère dépression dans le sol. On a remarqué toutefois que les nuits où la température ne descend pas au-dessous de –7 °C, le Bruant dort sans protection. Mais le thermomètre marque-t-il –8 °C, l'oiseau cherchera refuge dans un creux naturel. Quand soufflent les vents d'aiguilles, il se blottit contre une motte de neige, dans la partie non exposée au vent. De toute manière, il est particulièrement bien constitué pour résister aux froids les plus cruels. À Anchorage, en Alaska, on a vu des Bruants des neiges dormir à la belle étoile par des froids de –67 °C. Le seul changement visible dans leur comportement est qu'ils tenaient une patte repliée sous leur plumage.

Adaptés à la neige, ils le sont si parfaitement que même leur sens de la vue a acquis une acuité de perception à peine imaginable. Que font-ils pour trouver une source de nourriture? Quand ils ont terminé leur repas dans un champ, ils prennent tous ensemble leur essor et ils montent si haut dans le ciel qu'on les perd de vue. C'est de là-haut qu'ils surveillent les environs et de là-haut qu'ils découvrent dans un pré enneigé la présence de graines minuscules. C'est un peu comme s'il nous fallait trouver des pommes en survolant les vergers à bord d'un avion!

Les premiers colons à venir s'établir au Québec croyaient que ces oiseaux ne se nourrissaient que de neige, ce qui donnait, semble-t-il, à leur chair son goût si délicat. D'où leur nom populaire d'«ortolans d'Amérique». La manière la plus courante de les attraper consistait à les piéger avec une «lignette», un cercle de bois dont la circonférence se rapproche de celle d'un tonneau. À l'intérieur du cercle, on tressait un carrelage de cordes fines, comme dans une raquette de tennis. Au croisement des cordes était fixé, en nœud coulant, un crin de cheval. Posée à fleur de neige, saupoudrée de grains de mil, la lignette emprisonnait les oiseaux blancs qui s'y jetaient en masse. C'est par centaines qu'on les vendait chèrement au marché de Québec. Aujourd'hui le Bruant des neiges peut battre la campagne dans une relative quiétude.

Puis, un beau jour d'avril, on les apercevra, en groupes nombreux, perchés sur un fil électrique ou dans un arbre. Jamais, pendant l'hiver, cet oiseau ne se sera perché. Toutes ses activités auront eu lieu au sol ou dans les airs. L'observateur sait ce qui arrive: quand on voit des Bruants des neiges perchés, c'est que le lendemain matin, inévitablement, les oiseaux seront partis. Les voilà en route pour l'Arctique. Ils y seront dans peu de temps puisqu'ils ne prendront aucune nourriture durant le voyage.

C'est alors qu'un matin, au moment où l'hiver tient encore prise dans l'Arctique, l'Inuit entendra bruire dans le ciel les notes cristallines d'*Amauligak*, l'oiseau annonciateur du printemps nordique. «*Amauligak* est revenu!» Dès son arrivée, il va se poser à l'endroit exact où il établira son territoire. N'y a-t-il pas dans ces agissements une énigme? Comment ce petit oiseau sait-il que dans cet espace encore recouvert de neige, l'endroit qu'il vient d'élire offre toutes les conditions de la nidification? Comment a-t-il repéré sous un mètre de neige telle roche dont il a besoin pour chanter, telle crevasse au creux de laquelle il construira son nid? Et comment, dans l'immensité blanche, a-t-il reconnu ce lieu qui est probablement celui où lui-même a vu le jour? Énigme qui demeurera longtemps — sans doute toujours — énigme.

Ce sont les mâles qui arrivent les premiers dans l'Arctique, précédant d'un mois parfois la venue des femelles. Après deux ou trois semaines de vie sociale, chaque mâle, un bon jour, prend ses distances à l'égard des autres et commence à signaler à son entourage qu'il est disposé à défendre le territoire qu'il a choisi. Comment s'y prend-il? Comme tous les oiseaux chanteurs: en utilisant, pour s'exprimer, la musique de son corps.

Les voyageurs de l'Arctique et les biologistes qui ont étudié l'oiseau dans son aire de nidification s'accordent tous pour dire que le chant du Bruant des neiges, à cause de son timbre, de sa musicalité, de sa puissance, à cause aussi du milieu absolument silencieux où il se déploie, est un des plus émouvants qu'il soit possible d'entendre. On sait maintenant qu'il ne faut plus parler du chant du Bruant, mais des chants. Car il existe des dialectes à l'intérieur d'une même région. Sur le flanc d'une colline, par exemple, on remarquera que six ou sept mâles ont un chant qui adopte la même ligne mélodique. Un kilomètre plus loin, les autres chanteront d'une manière légèrement différente.

Pour chanter, le Bruant se tient presque toujours posté bien en vue sur une pierre. Et, comme tous les oiseaux nichant dans les grands espaces dénudés, les alouettes par exemple, il lui arrive de temps en temps de s'envoler, de monter très haut pour lancer son chant puis d'aller atterrir sur une autre pierre pour reprendre sa mélodie.

Le chant a d'abord une fonction d'avertissement. Il signale qu'un mâle occupe un territoire qu'il est disposé à défendre. Pour évaluer l'effet qu'il peut produire sur un congénère, il suffit d'observer un oiseau dans son domaine. On remarque tout à coup qu'un groupe de Bruants, occupés à se nourrir au sol, se sont égarés en terrain déjà occupé. Dès qu'ils entendent le chant du propriétaire, tous les oiseaux figent sur place et manifestent les signes de la terreur: ils s'aplatissent contre terre, lissent leurs plumes et regardent intensément autour d'eux. Le naturaliste hollandais Niko Tingergen nous raconte ce qui se passe quand un Bruant, fourvoyé dans un territoire défendu par un autre mâle chanteur, ne prend pas la fuite.

Dans ce cas-là nous assistons à de longs combats. Les rencontres les plus spectaculaires étaient les «vols de pendule» au cours desquels chaque mâle passait avec la régularité d'une horloge de l'attaque à la fuite, l'un poursuivant l'autre dès qu'il prenait la fuite. Comme deux grands papillons noir et blanc, les oiseaux maintenaient la même distance, comme s'ils étaient reliés par un fil invisible et voletaient sur la neige. C'est un des plus beaux spectacles que j'aie jamais vus.

De spectacles inusités, les Bruants des neiges en sont prodigues. Durant la période de reproduction surtout. C'est ainsi que les luttes entre mâles, qui ne sont jamais sanglantes, rassurez-vous, provoquent parfois des comportements cocasses. Voici deux mâles l'un en face de l'autre en position de combat. Un des lutteurs, tout à coup, au lieu d'attaquer, se met à picorer la mousse qui recouvre le sol. Il en saisit des morceaux dans son bec, qu'il rejette pour l'instant d'après en saisir d'autres. À quel manège est-il en train de se livrer? Tout simplement à ce qu'on appelle: une «réaction de substitution». Ce comportement animal est en tous points semblable à celui d'un être humain qui soulage sa colère ou son agressivité en frappant une table de son poing. Les oiseaux, eux aussi, peuvent éprouver des sentiments contradictoires qui se manifestent par des réactions bizarres.

Observons maintenant ce qui se passe quand une femelle pénètre dans le territoire d'un mâle. La première réaction de ce dernier est exactement semblable à celle qu'il aurait affichée en présence d'un autre mâle, comme s'il ne pouvait sur le moment distinguer le sexe de la survenante. C'est de l'agressivité qu'il commence à lui témoigner, mais dès qu'il s'en approche un peu plus, ses manières deviennent subitement plus courtoises. On sait maintenant que plusieurs oiseaux chanteurs sont à la fois attirés et effrayés par la femelle, ce qui donne lieu à des mouvements oscillant entre la fuite et la poursuite. C'est ainsi que la cour que monsieur Bruant fera à madame donne lieu à un des plus agréables spectacles que les oiseaux puissent nous offrir.

En présence de la femelle, le mâle soudainement quitte le rocher où il se tenait, monte dans les airs et, à une altitude d'une dizaine de mètres, se met à battre rapidement des ailes tout en roulant les glouglous les plus mélodieux de son répertoire. En atterrissant près de la femelle, il chante encore. Mais dès que la distance entre les deux oiseaux s'amincit, le mâle fait soudainement volte-face pour fuir un peu plus loin. Il revient sur ses pas, il fuit encore, mais cette fois il exécute le grand numéro: dressé d'un bond à quelques centimètres du sol, le dos tourné à la femelle, il déploie son plumage entier: ailes ouvertes, queue étalée. Jamais il n'a été aussi attrayant, son plumage offrant le dessin parfait des taches noires du dos, de la queue et des ailes qui contrastent avec le blanc des plumes.

Il en faudra de ces valses-hésitations avant que la femelle accepte l'accomplissement final. Treize jours après l'accouplement, le premier œuf est pondu dans le nid qu'elle construit seule au fond d'une crevasse bien cachée dans les roches. À partir de ce moment, le mâle chantera beaucoup moins souvent et moins longuement. Ce sont les multiples vocalisations de contact qui prendront la relève dans le répertoire des mâles.

Le reste de l'été passe sans autre histoire que celle qui est commune à tous les oiseaux: éclosion des œufs, élevage des petits par les deux parents qui viennent les nourrir à tour de rôle. Soulignons en passant un fait qui en surprendra plusieurs: c'est surtout d'insectes que les jeunes seront nourris pendant les premières semaines. Un explorateur qui avait observé une famille de Bruants dans le nord-ouest du Groenland avait été frappé de voir que dans cette région où les insectes semblaient complètement absents, les parents Bruants rapportaient au nid, à des intervalles de dix minutes, de pleines becquetées de mouches, de coléoptères, de chenilles et de papillons. Eux savaient où les trouver!

Un jour, le court été arctique prend fin avec l'apparition des premières tempêtes de neige, suivies des grands froids. Tant qu'ils peuvent trouver de la nourriture, les Bruants demeurent dans le désert de glace. Mais en octobre l'instinct voyageur les met de nouveau sur la route du sud. Au moment où presque tous les oiseaux chanteurs nous ont désertés, ils arrivent comme une rafale de flocons bigarrés qui tremblent dans le faible soleil de la dernière saison.

LE CURIEUX AVANTAGE
DE VIVRE DANS UN PAYS FROID

S 'il y a une femme qui eut la surprise de sa vie, un soir
neigeux de mars 1952, c'est bien ma mère! L'Abo-
minable Homme des neiges lui-même surgit dans l'embrasure au moment où elle préparait la maison pour la nuit. Elle
allait mettre le loquet quand soudainement la porte s'ouvrit.
Apparut un petit bonhomme d'une dizaine d'années, vêtu de
son seul caleçon long, les pieds et les mains nus, les cheveux

couverts de neige. Le regard fixe, il entra, referma la porte et, sans dire un mot, regagna son lit. Ce Survenant enneigé, c'était moi. À cette époque, il m'arrivait d'être somnambule et d'entreprendre de mystérieux voyages nocturnes dans des mondes qui n'ont laissé aucune trace dans ma mémoire. Ce soir-là, d'où pouvais-je bien venir? Combien de temps suis-je resté dehors, à l'insu de mes parents, qui ne m'avaient même pas vu sortir? Je ne le saurai jamais. Comme il neigeait, mes pistes, le lendemain matin, avaient disparu.

Je me souviens cependant qu'à l'âge de six ou sept ans le pôle Nord exerçait sur moi une violente fascination. Je me revois, debout sur un fauteuil, en train de rêver devant la fenêtre à demi couverte de givre. Entre deux maisons, j'apercevais, au loin, la tête des Laurentides. Que pouvaient donc cacher les montagnes bleues? J'imaginais d'épaisses forêts qui finissaient dans l'immensité glaciale de l'Arctique, le pôle Nord! Cette terre énigmatique, je la connaissais tout de même un peu: ne disait-on pas autour de moi que nos hivers étaient pareils au climat qui tourmentait ces territoires désolés? Une chose était certaine, c'est qu'il y régnait de grands froids. Et les grands froids, je savais les reconnaître.

Par la couleur tout d'abord. De mon poste d'observation, le matin, je regardais la fumée sortir droite et blanche des cheminées et je savais que nous étions «en bas de zéro». Le fleuve dégageait une vapeur frimassée qui formait sur son cours un nuage immobile. Ce que j'aimais le plus, c'était la fine poussière de glace en suspension dans l'air, ce ballet de cristaux qui étincelaient et qui tombaient en pluie de paillettes quand le soleil prenait de la force.

Le froid avait aussi une sonorité. Le soir, par exemple, quand j'entendais autour de la maison des pas qui faisaient crisser la neige, je savais que se préparait une nuit où nous serions réveillés par des détonations sourdes ébranlant les œuvres vives de la maison. On disait que les clous «pétaient» ou «se cassaient dans les murs». J'avais à un moment donné entrepris de faire le compte de tous les clous rompus par le gel et j'avais grand'peur que notre petite maison de bois ne s'affaisse, minée dans sa charpente. Plus tard, j'ai entendu, dans la forêt, les arbres craquer sous l'effet du froid, j'ai entendu les mêmes détonations secouer leur structure, j'ai vu les «gélivures» ouvrir de haut en bas leur écorce et j'ai su que le gel pour les arbres aussi est un terrible bourreau.

Si le froid avait une couleur et une sonorité, il avait également une odeur. À quarante ans de distance, je garde encore au fond du nez l'odeur ouatée du linge que ma mère étendait sur la corde, les jours de froid qui pince. Ce linge, quand elle l'entrait, était «raide comme les culottes à Gamache», disait-on. Quand il finissait de sécher autour du poêle, il dégageait cette senteur... le parfum de la propreté absolue.

*   *   *

Ce n'est que plus tard que j'ai eu conscience d'habiter un pays où les hivers sont les plus cruels du monde. Les Européens sont toujours surpris d'apprendre jusqu'où peut descendre le mercure dans nos villes nord-américaines. La ville de Québec, sur la même latitude que La Rochelle, est aussi froide que le port de Mourmansk, en Laponie. Ce qui ne veut nullement dire que les froids y soient intolérables. Un froid de -25 °C est humainement supportable quand l'air est calme. C'est lorsque le vent se lève que le froid devient d'une cruauté de poinçon. S'il arrive que des gens meurent de froid, c'est toujours durant les journées venteuses. Cela se comprend: l'air est beaucoup plus dense par temps froid. À force égale, un vent d'hiver exerce une pression de vingt-cinq pour cent supérieure à celle du vent qui souffle pendant l'été.

Les voyageurs, de retour de l'Arctique, racontent que c'est le vent qui contribue à rendre le climat à peine supportable, car la poudrerie réduit de beaucoup la visibilité. Un vent léger suffit à soulever les granules de neige arctique, très sèche. «À 30 km à l'heure, rapporte l'explorateur Brummer, la poussée du vent s'intensifie. À 50 km à l'heure, la neige durcie se transforme en mille aiguilles dont les pointes acérées vous brûlent le visage et à 65 km à l'heure, on distingue à peine les chiens qui tirent votre traîneau.»

* * *

Si le Québec habité n'est pas le pays des grands froids, il est certainement l'endroit du monde où la neige est la plus abondante. Le géographe Pierre Deffontaines présente le Québec comme la contrée la plus neigeuse du monde, plus que le Kamtchatka (Russie orientale), plus que l'île Hokkaido, dans le nord du Japon. Montréal, à la latitude de Bordeaux, reçoit en moyenne deux mètres quatre-vingts de neige et Québec, sur le parallèle de Poitiers, en reçoit trois mètres quinze. Même le pôle Nord est moins neigeux que le Saint-Laurent, car l'archipel arctique est relativement sec en hiver. Les Québécois se considèrent volontiers comme les spécialistes mondiaux de la neige. Mais qu'a-t-on dit à son sujet quand on l'a présentée au singulier? Il faudrait parler des différentes espèces de neige, comme le font les Inuit de la vallée Kobuk, en Alaska, qui possèdent en leur langue quatorze mots différents pour parler de cette eau congelée d'un genre bien particulier. Le mot «neige», en leur idiome, se dit: *anniu,* mais une fois qu'elle est au sol, elle s'appelle: *api.* Celle qui se dépose sur les branches des conifères a pour nom: *qali.* Leur langue possède un mot différent pour nommer la neige poudreuse, la neige bien tassée par le vent au sol, la neige épaisse et mouillante, le flocon de neige et même la particule élémentaire qui s'unit à une autre particule pour former un flocon.

J'ai toujours été fasciné par les flocons de neige. Quand il se met à neiger doucement, il m'arrive de laisser se poser un flocon sur mon gant et de contempler la complexité unie à la simplicité. Parmi les milliards de milliards de flocons qui tombent, pareils aux soleils dans les galaxies, aucun n'est semblable à l'autre, chacun offre un dessin original, même si tous les flocons se ramènent à deux structures principales: l'étoile à six branches et la plaquette hexagonale. Dans l'Arctique les flocons se présentent plutôt sous la forme de fines aiguilles ou de prismes allongés, à cause sans doute de la sécheresse de l'air. Je viens d'apprendre qu'un flocon de neige a une épaisseur de un dixième de millimètre et un diamètre de cinq millimètres. Je suis encore tout ébahi en pensant à la peine qu'a dû se donner le savant qui a pris ces mesures, car s'il y a quelque chose d'éphémère en ce monde, c'est bien le flocon. Aussitôt qu'il se pose au sol et qu'il va rejoindre ses semblables, le flocon, instantanément, modifie sa forme, respectant à sa manière la loi universelle du moi qui doit se perdre dans le grand tout!

*   *   *

Je me suis surpris l'autre jour à méditer sur le rôle majeur que la neige a joué dans l'histoire de ce pays, en me disant que la neige, c'est un peu comme la roue! C'est elle qui permet les déplacements dans les territoires où elle est abondante et où elle recouvre le sol pendant de longs mois. La neige, c'est la roue des Amérindiens. Elle a amené la création de la *tobagane* des Montagnais, du *kometik* des Inuit. C'est elle qui a permis l'invention de cette chaussure spécialisée, de cette semelle démesurée: la raquette! Sans la raquette en hiver, sans le canot d'écorce en été, l'Amérindien n'aurait jamais pu maîtriser la forêt. Et des raquettes, il y en a d'autant de formes qu'il y a de sortes de neige: on connaît les «queues de castor», les «pattes d'ours», les «montagnaises», les «bouts carrés», etc. Le botaniste-explorateur Jacques Rousseau nous apprend que les Montagnais qui chassent l'hiver au nord du Lac-St-Jean emploient d'abord une raquette large; mais sitôt que les vents froids durcissent la neige, les adultes se contentent d'une raquette plus étroite. À la fin de la saison, quand le soleil à midi amollit le tapis, ils utilisent une troisième raquette dont les lanières sont retenues aux perforations du cadre. Un bon chasseur montagnais — du moins en était-il ainsi avant l'apparition de la motoneige — use trois paires de raquettes chaque hiver.

La neige n'a jamais été pour moi synonyme de froid. Elle représente au contraire ce qu'il conviendrait d'appeler la chaleur du froid. J'ai construit, comme tant d'autres, dans ma jeunesse, des fortins aussi spacieux que des igloos et j'ai toujours été étonné de constater à quel point ces habitations étaient, dans une certaine mesure, confortables, tant est grand le pouvoir isolant de la neige. Plus tard j'ai appris que dans la grande forêt coniférienne, la taïga, la température du sol sous la neige ne descend jamais sous les -7 °C même si la température extérieure atteint -40 °C ou même -50 °C. On sait également qu'à deux centimètres sous la surface de la neige, la température est de -19 °C quand la température de l'air est à -31 °C.

Les animaux le savent eux aussi. C'est la chaleur de la neige qui assure bien souvent leur survie durant les plus dures semaines de l'hiver. Quel skieur, circulant en forêt, n'a pas failli suffoquer de surprise devant l'explosion d'une gélinotte jaillissant de la neige, dans un tumulte de plumes et de flocons? Un amateur d'oiseaux, qui installe chez lui pendant l'hiver des mangeoires pour les nourrir, me raconta un jour qu'une grande poudrerie avait formé sur le rebord de son toit une lame épaisse de neige bien tassée. Le lendemain, cette lame était piquée d'une enfilade de trous. Et de ces trous il vit sortir plusieurs Sizerins à tête rouge (un oiseau de la grosseur du moineau), qui se cachaient ainsi du grand froid qui avait suivi la tempête.

Plusieurs espèces d'oiseaux se sont merveilleusement adaptées à la vie dans la neige. Certains voient leur plumage, au début de l'hiver, s'augmenter de plusieurs centaines de plumes supplémentaires qui leur assurent un surcroît de chaleur et qui les aident à maintenir leur température intérieure à 42 °C. Le moineau possède trois mille cent cinquante plumes en été; en hiver, ce nombre passe à trois mille six cents.

D'autres espèces, comme le Lagopède des saules («perdrix blanche»), chaussent des raquettes. La nature munit leurs pieds de petites plumes compactes et flexibles qui leur permettent de marcher aisément sur les neiges les plus ouatées. La Gélinotte huppée, elle, hérite d'autres sortes de raquettes: en automne les doigts de ses pattes s'ornent de peignes qui rendent plus faciles ses déplacements dans la neige follette des bois. Mais tous les oiseaux ne s'enfouissent pas pendant l'hiver. Comment réussissent-ils à demeurer vivants dans les jours de grands froids? Tout simplement en chauffant leur fournaise interne. Tant qu'un oiseau peut manger abondamment en hiver, et ainsi combler ses pertes d'énergie, il est hors de danger.

Les mammifères, eux aussi, doivent se protéger du froid. Comment? Regardons de près un animal qui passe tous ses hivers au grand vent boréal, le caribou. Comment peut-il survivre? La nature a d'abord fait en sorte de lui éviter les engelures aux pattes: les graisses contenues dans ces extrémités possèdent un point de congélation extrêmement bas. Les Inuit avaient remarqué cette propriété, eux qui enduisaient les cordes de leurs arcs avec le gras de pied de caribou. Considérons maintenant la fourrure de ce cervidé nordique. Cette fourrure n'a qu'une seule épaisseur de poils courts, alors que les autres mammifères arctiques ont deux épaisseurs à leur pelage. Et pourtant le caribou peut endurer des froids intenses, comme l'Esquimau d'ailleurs, qui se couvrait, il y a encore peu de temps, de vêtements en peau de caribou. Où est donc le secret? Dans le pelage de l'animal, bien sûr, qui est une merveille de confort. Chaque poil contient d'innombrables cellules remplies d'air. Ces poils, en forme de bâton, sont gonflés au bout extérieur. L'explorateur Fred Brummer nous apprend que le caribou est enveloppé dans une couche d'air chaud captif: «Comme l'air immobile est non conducteur, il agit comme un isolant presque parfait. Le caribou demeure donc douillettement au chaud par les temps les plus froids.»

En somme, l'espèce humaine seule, parmi les animaux à sang chaud, est privée d'une protection épidermique naturelle contre le froid. Le froid fut donc, pour le premier homme, le grand problème à résoudre. Comme le dit si bien Pierre Deffontaines: «La lutte contre les hivers allait être un des principaux fronts de bataille de la caravane humaine.» C'est de cette lutte sans doute que naquit l'invention du feu et que du feu, avec la chaleur, vint une lumière qui est, encore aujourd'hui, notre espoir.

TABLE